太田一樹 監修／営業マネジメント研究会 編

MBA・営業マネジメント

改革の実態とその方法

萌書房

目　次

第4章　インポート・ブランド企業の営業

第5章　外資系ＩＴ企業の営業――ハイタッチ営業の大切さ……121

ＭＢＡ・営業マネジメント

——改革の実態とその方法——

序章　営業マネジメントの構築に向けて
——本書の狙いと構成

1　営業改革に成功法則はあるのか

営業改革のうねり

今、営業改革が花盛りである。これは、ＩＴ（情報技術）革命やグローバル化の大きなうねりの中で、営業パーソンのスキル向上と、営業マネジメントの革新が競争に勝ち残るための条件となっているからだ。

営業革新の内容も様々である。営業組織を新設するメーカーもあれば、営業を廃止した金融機関もある。また、個人主体の営業活動からチーム中心に転換した企業も多い。さらに営業パーソンの評価方法を、売上高や粗利益などの結果で評価する成果主義から、営業プロセス毎に細かな評価項目を設定し、営業活動を評価するといったプロセス管理に移行した企業もある。ついには売上ノルマまでも無くしてしまったところもある。

このように革新の内容は多種多様だが、目的とするところは、顧客との継続的な取引関係を強化するために、CS（consumer satisfaction：顧客満足）を高めることである。その方策としてソリューション営業（顧客の問題解決を図る営業）が不可欠な取組みとして認識され始めてきた。また、そのソリューション営業を効果的に進める手段として、以下のような営業改革の三種の神器ともいえるキーワードが営業現場で唱えられるようになってきている。

①情報活用――効率的な営業を実施するために、携帯情報端末や情報データベース、さらにはインターネットを活用して情報を共有すること。

②営業プロセスの重視――売上や利益など最終成果の営業実績で評価・管理するのではなく、営業プロセス毎に評価し管理すること。

③チーム営業――営業部門内に限らず、他部門さらには他企業も含めてチームで営業すること。

営業改革への不満

このような改革の中で、営業の現場から不満の声が聞こえてくる。例えば、営業企画と営業ラインの以下のような会話である。「せっかくコンサルタントを入れて科学的な営業を志向したシステムを構築したのに、ラインは動いてくれないばかりか不満ばかり述べている」（営業企画スタッフ）。「スタッフは現場のことは分かっていない。机上で考えてばかりいるからだ。３Ｋ（経験、勘、根性）はダメで標準化したスタイルで営業活動をしろと言うわりには、売上ノルマの責任は押しつける。現場の苦しみを理解しているのか！」（現場で働く営業パーソン）。

また、過去に華やかしい実績を上げたベテラン営業パーソンからの不満も漏れ聞こえてくる。「長年、私の営業スタイルで売上を拡大し会社に貢献してきているんだ。実績づくりのために上司の無理も聞いてやったんだ。それは、多くの人脈をコツコツと築いてきたからなんだ。マニュアル通りの堅苦しい営業で業績なんか上がらないよ。それよりも営業がつまらなくなるね」と。

営業の現場を歩いていると、このような不満をよく見聞する。「営業は経営の原点だ」とか「営業はわが社の顔だ」と評するトップの熱い期待を聞くたびに、なぜ、このようなことが営業現場で起こるのか、さらに言えば、なぜ、営業改革の成功法則（三種の神器）が通用しないのか、という疑問が沸いてくる。また、これまでの営業改革はどちらかと言えば、経営管理者層から見て効率的（生産性の向上、可視化した営業体制）で効果的（CSが向上する営業）な営業体制を築こうとするものであった。もちろん、そのことは大事なことだが、しかし一方で、第一線の営業現場で懸命に働いている営業パーソンにとって、この改革はどのような意義をもたらしているのだろうか。この点の理解や共感がないと、おそらく営業改革は成功しないのだろう。

ビール業界で歴史に残る大逆転劇を果たしたスーパードライ。そのアサヒビールは、トップの号令の下、一糸乱れぬ迅速な行動をとることで有名だが、マニュアル営業を否定している。アサヒビール会長の瀬戸氏は次のように語る。「高い目標を達成できた時に感動の共有化が起こる。それが働くモチベーションとなる。人間は感情の動物なんだから、マニュアルで働かされているというのではダメだ」(『日経ビジネス』2001.5-5)と。同社では、目標達成時には、トップの語る熱い思いが伝播し、新入社員から役員まで、部署や所属に関係なく肩を抱きあって泣くことも珍しくないという。

「研究開発は一人の天才がいればいい。しかし営業は全員が参加しないと業績に結びつかない」とはある経営者の弁だが、そうであるならば、営業パーソン一人ひとりが自身の仕事に夢と可能性を抱き、営業に誇りを持てるような体制が必要ではないだろうか。

2　本書の狙いと特徴

本書の狙い

本書は、営業パーソンの役割がますます重要とされる中で、どのような営業スタイルを採用すべきなのか、またどのような知識を習得すべきなのか、を執筆者らの営業経験を踏まえながら明らかにしようと試みている。現在、営業をテーマにする多種多様な本が出版されているが、この状況下でこの本を出版しようと思い立ったのは以下の理由による。

①前述した、「情報活用」、「営業プロセスの重視」、「チーム営業」といった営業改革の三つの成功法則が本当にすべての企業にとって最適な営業の仕組みなのだろうか。これらのエッセンスは、一部大企業の成功事例から抽出したものではないか。もしそれがエッセンスだとしても、なぜ、営業の現場から

不満が出るのだろうか。また、なぜ、改革がうまく進まない企業があるのだろうか。改革には反対があるという理由だけでは説明がつかない点がある。他にも、優れた営業改革の方法があるのではないだろうか。

②上記に関してだが、改革のエッセンスがあまりも強調されすぎて、見失われているものはないだろうか。「営業の面白みがなくなった」とか「営業パーソンがサラリーマン化した」いう声を看過することはできない。この見失われた何かを明らかにすることが、経営トップと第一線で活躍する営業パーソンとの間の信頼関係を築く契機になるかもしれない。それが、営業改革を促進する要因であるかもしれない。

③そして何よりも、私たちは、営業の仕事は誇り高き仕事であるという思いがある。また、あるべきだという信念も持っている。それは、執筆者全員が営業経験者であるからかもしれないが。しかし、それにしても、世間の営業に対するイメージが悪すぎる。社内でもそうだが、学生が抱くイメージも悪い。さらに残念なことに、営業パーソンも自身の仕事に誇りを持てない人が多いようだ。それは、企業が営業研修に費用をあまりかけないこと、体系だった営業研修が少ないことに起因しているのかもしれない。本書の事例を通じて、営業の深みと自身の可能性に夢と自信を持っていただければと願っている。

これらの目的を達成したいというのが営業マネジメント研究会の思いである。

本書の特徴

したがって、本書では、研究書のように理論を前面に押し出すことはしていない。さりとて、ハウツー本のように、即効性のみを追求しているわけではない。理論を前面に出すとどうしても抽象的な話になり、現場の臨場感や苦悩が伝わらない危険性がある。反対に、即効性を求めすぎると、深く追求しようとする意欲を喪失し思考停止に陥る危険性がある。実は、このどちらの短所も避けたいというのが、私たちの欲張った編集方針である。

そこで、新しい営業改革に取組んでいる企業やコンサルタントに参集していただき、様々な企業事例を持ち寄った。その事例を評価しながら、紹介に値する企業については、原則的に内部者（その現場で働く営業パーソンもしくはコンサルタント）の目で営業現場を五感を通してありのままを記述してもらうようにした。そして、研究会で多くの事例と比較検討して自社の事例をできるだけ客観化（他者の目で分析）しながら、全員で議論し成功要因を抽出するようにしている。その際、自社の事例の素晴らしさに初めて気づく者もいた。このような共同作業を何回も繰り返すことにより、営業現場の臨場感を失うことなく、しかし、一本筋の入った論理を示すことが可能になったものと自負している。本書の特徴をあらためて整理すると以下のようになる。

①本書を執筆した営業マネジメント研究会のメンバーを紹介すると、多種多様なキャリアを持った職業人で構成されている。現役の営業パーソン、起業家、コンサルタント、大学人などであるが、共通点は全員が営業経験者であり、転職経験者がほとんどである。

②このメンバー構成が、営業現場を外側から評論家の目で覗くのではなく、苦労や楽しみを共感した組織内部の人間として事例を執筆することを可能にしている。その意味で、一筋縄では進まない営業改革に伴う苦労や葛藤を共感していただけるのではないかと思う。

③執筆者の大半がＭＢＡ（Master of Business Administration：経営学修士）取得者である。

④営業革新の事例を語る場合、えてして自慢話や独り善がりの罠に陥る危険性がある。私たちが最も気をつけたのはこの点で、現場の臨場感は残しながらも、読者に事例からエッセンスを学び取ってもらうことが大事だと考えている。そのためには、時には自社の事例を客観化（他者の目でみること）し、時には、経営学の知識を総動員して論理づけてみる作業（一貫したストーリーの展開）も必要となる。これに要する知識や技能を持つメンバーが執筆しており、目的は達せられているものと確信している。

3　本書の構成

各章は、独立しているので、どの章から読んでいただいても構わない。関心ある業種やタイトルを見つけて、早速に目を通していただきたい。ただし、いつかは最初から最後までゆっくり読んでいただくことを願っている。それは、「森を見て木を見る。木を見て森を見る」というやり方が最も効果的な学習方法だと考えているからである。

以下に、本書の構成とその内容について簡単に説明しておこう。

第1章「勘と経験を活かす営業」では、最近の営業改革では否定されがちな3Kの問題を採り上げている。本当にそれは必要ないのか、という疑問を持ちながら小売店へのソリューション営業に取組むアパレル業界の事例を紹介している。小売店へのソリューション営業は、ファッション、飲料、食品など消費財メーカーであれば、すべての企業に必要とされる。アパレル業界を通しての事例であるが、情報システムに頼るだけでなく、仮説を生みだす創造力、さらには人間の判断力の源である3Kが必要であることが明らかにされる。またそれを育成するための方法論が紹介されている。

第2章「商品先物取引の営業――営業の原点を蘇生する方法」では、最も厳しい世界と評される商品先物取引業を採り上げている。「蜘蛛の営業ではだめだ。蜂の営業をやれ」「六〇分間でクロージングだ」と日夜怒声が飛び交う営業とはどのようなものなのか。まさに営業の原点を探る上で最適な事例である。その事例を通して、強い営業とはどのようなものかを、営業プロセス毎に発揮している個人の技能を丹念に考察し検討している。また営業スタイルや組織体制、さらにはマネジメントの方法も含めて紹介している。

第3章「普通の人が成功するための生命保険営業――損害保険代理店における生命保険販売の成功事例」では、自由化により競争が激化してきた生命保険業界の営業を採り上げている。この分野では外資系企業の営業スタイルが一つの成功事例としてよく話題にされるが、必ずしもそれが最良の姿ではないことが明らかになる。日本企業や外資系保険会社で営業経験を積んだ執筆者が、損害保険代理店をベースにした新たな営業の取組みを紹介している。大手保険会社から最優績代理店として表彰された当社では「営業パーソンは役者、商談は舞台、満足は保険料」といった行動理念を掲げ、新しい営業スタイルを確立しようとしている。とりわけ、保険営業の成否を分ける見込み客を発見するための取組みは、他業界でも参考になろう。

第4章「インポート・ブランド企業の営業――伝統的卸売業から外資系企業への変革過程で」では、ブランド価値を高めながら市場を開拓していくための営業が、事例とともに紹介される。ラグジュアリー・ブランドとは業界用語だが、ルイ・ヴィトンやシャネル、グッチ、バリーなどのように高級イメージを持つブランドと考えていただきたい。日本企業でもブランド管理の必要性を認識している企業は多いが、未だ欧米企業に比べると稚拙であると言われる。本章では、ラグジュアリー・ブランド企業における営業スタイルを紹介するとともに、日本代理店と外資系企業の営業マネジメントの相違も明らかにされる。

第5章「外資系IT企業の営業――ハイタッチ営業の大切さ」では、世界レベルで注目されているIT企業を採り上げ、その営業実態を紹介している。IT産業といえども、外資系企業が日本でビジネスをする場合、当初は直販ではなく代理店経由でビジネスをすることが多い。代理店をパートナーとしながら、営業活動が展開されている。ここにも営業の難しさがあるが、ハイテク商品を販売する難しさも加わり、他の商品とは異なった営業の仕組みが必要とされる。他方、外資系企業の営業スタイルは、情を挟むことが否定され、まさに合理的でマニュアル的であるとの思い込みがあるかもしれないが、実はそうでないことが明らかにされる。この思いこみを信じ、最善の営業スタイルは外資系スタイルだと無目的に信じている日本企業に対して再考を促すものである。

第6章「製造業の営業――新規開拓の進め方」では、特に中堅・中小の生産財企業（部品、部材などを扱う企業）の事例を紹介しながら、新規開拓の営業方法を解説する。この規模の営業改革は、教科書的な方法ではうまくいかず、従業員の意欲や価値観を踏まえたきめ細かな教育と対話が大切である。また、自社業界の川上から川下までを見通し、自社のポジションと役割・機能を明確にしてから新規開拓の営業戦略を構築すべきである。そのいくつかの具体的方法が提示される。経営者や営業パーソンのみならず経営コンサルタントにとっても参考になろう。

第7章「銀行の営業――自立型銀行営業パーソンになる方法」では、上位下達が徹底した銀行の組織においても、個人の自立性を尊重した営業の仕組みが重要であることを主張する。銀行は、役所と並び、官僚制組織の構造で成り立っており、営業もどちらかと言えば融通が利かず自由度はほとんどなかった。他にも官僚制組織の風土が色濃く残っている企業は規制業種を始め多くの業界で見られる。官僚制が常に悪いわけではないが、競争の激しい時代には欠点が多くなる。また、「個人よりも組織を優先しろ」といった個を埋没させた営業スタイルを続けていては競争力が失われる。これからは自立性を持ち自己マネジメントのできる営業パーソンを育成していくことが大切になる。企業内教育でよく使用される自己診断シートの説明も付け加えながら、その取組み方法について、事例を紹介している。家族と自分そしてキャリア設計を再考したい人に参考になる。

第8章「営業担当者を起業家にする方法――ワコールの「事業戦略ゼミナール」」では、起業家マインドを持った営業パーソンを育成するための研修方法が具体例を示し説明される。

リーダーとなるべき営業パーソンを育成するには、経営全体を見渡せる能力が要求される。また、新規事業を立ち上げるには、営業のスキルに加え、マネジメント能力が必要となる。この両方の能力を持ち合わせた営業パーソンを育成しようとするのがワコールの「事業戦略ゼミナール」である。この研修を契機に、実際にインターネットビジネスが立ち上がっている。この研修のカルキュラム概要や効果測定のデータ、さらに営業パーソンに要求される能力も紹介しており、教育研修の枠組みづくりや自己啓発の指針として参考になる。第1章、第7章と併せて読んでいただくと、営業マンに必要とされる新しいスキルの内容と、習得方法が理解できる。

終章「営業改革のマネジメント――営業改革の意義とその方法」では、今までの章の中で紹介された事例を整理しながら、営業改革の意義とその方法論について説明する。

営業を科学的にマネジメントするための基本的な考え方や営業改革の方法論について紹介している。また、今までの営業改革はどちらかというと短期的視点で実施されているケースが多い。そのため、改革に伴う副作用が発生したり、長期的視点で見ると競争力の強化につながらない危険性もある。長期的視点から営業改革を進めることの必要性と改善策を提示している。

第1章　勘と経験を活かす営業

1　営業のやり方を変えるには

自分のやり方を変えるというのは思いのほか難しい。多くの人たちは自分の仕事のやり方が間違っているなんて思ってもいない。会社の朝礼で社長が、「自分の仕事をもう一度、お客様にちゃんと貢献できているかという視点で見直してほしい」といった話があっても、「お客様の立場と言っても、月末になればいつも売上の話ばかりじゃないか。いつも無理矢理商品を押し込んで、月初めになれば商品を引き取ることの繰り返しだ。そんな中でも俺はお客さんに儲けさせることもちゃんと考えているよ。お客様の視点が必要なのは部長じゃないの」と思ってしまう。

世の中「変わらなくちゃ」と言われても、自分はちゃんと変わっていると思ってしまう。「世の中変わらなきゃいけないやつばっかりだ」。

人は経験を積み重ねる毎に自分の「仕事スタイル」をつくりあげる。「亀井は仕事も速いししっかりしているけど、時々、気を抜くような仕事をするよね」、「田村はあんまり仕事してないようだけど、何かツボを心得ていて、知らない間に成果をあげているよね」、「下畠はいつも余裕を持って仕事を進めるけど、人のいうことは聞かないな」といった個人の仕事スタイルの話は職場でよく耳にする。

個人の仕事のスタイルがあれば、企業の仕事のスタイルもある。その企業に脈々と生き続ける仕事のやり方である。今はどうか知らないが、ＩＢＭのオフィスの机には「think」と書かれたプレートが置いてあったという。いつも考えることを重視している現れだ。企業文化や組織風土というと少々オーバーだが、企業には個人と同じように、その企業独自の「仕事スタイル」が存在する。

営業の「仕事スタイル」を変えることを通じて、勝ち続ける営業をつくりあげるプロジェクトをここでは紹介する。根底にあるのは、人間そのものが持つ能力を引き出し、その能力を活かすことである。特に注目したのは「考える」能力にある。従来の仕事スタイルでは考える能力は押し込まれ、その能力を充分に発揮できない状態にある。考える能力を引き出し、積極的に考える新しい仕事スタイルに変える。仕事スタイルを変えることによって、個々の営業が持つ「考える」という能力を活かし、営業力を高めようとする。これがプロジェクトの狙いだ。

ここでは、アパレル製品（スイムウェア）の販売革新についてのプロジェクトを紹介する。

プロジェクトは、試行錯誤の連続である。仕事スタイルは強固であり容易には変わらない。時として革新への思いが揺らぎそうになる。そこを踏みとどまって、「なぜ、仕事スタイルが変わらなければならないのか」についてお互いに確認をし、確信しながら進めていく。そのような活動を通じて新しい仕事スタイルを見つけだしていく。

2　営業の問題点は小売店に商品を販売すること

営業の「仕事スタイル」

「アパレルのマーケティングを何とかできないか」本部長の一言がこのプロジェクトの源流にあった。バブル崩壊以降の消費低迷にあわせて、年々低下する売上。そればかりではない。年々低下するシェア。マーケティングの目的が市場に対して需要を創造することを狙う働きかけとその検証にあるとすれば、この企業は、商品をつくる機能と、商品を販売する機能だけで構成されていたと言ってもよいだろう。それまでの営業は、強いブランド力とチャネルの中で、商品を押し込むプッシュ型を得意としてきた。商品開発、営業、生産など企業の基幹機能はこのプッシュ型を前提として、「仕事のスタイル」が決まっていた。右肩上がりの市場では、「つくった商品を流す」ことによって、充分な売上と利益も確保できていた。しかし、状況は一変した。景気が良い時には隠れていた問題が、景気が後退すると一気に噴き出した。結果は、売上低下、返品増加、在庫増加、そして、利益低下である。

商品がどのような小売店で、どのような方法で販売され、どのような顧客に購入されたのか、そして顧客は商品に対してどのような評価をしたのか。商品開発という仮説に対する検証も満足にできなかった。組織ではなく個人の努力や、個人のつながりによる断片的な情報によってかろうじて市場とのつながりを維持していた。このように市場情報が少なく、かつ偏りのある中で商品開発は進められていた。

販売は販売代理店を経由し小売店へ販売する経路と、小売店に直接販売する経路に大きく分けることができる。抱える問題は同じである。小売店は売場で商品を売り切る力が弱いため、小売店に商品を投入してもシーズン終了後、返品を引き受けなければ、次のシーズン商品を投入できない。あるいは、商品を投入しても販売代理店、小売店の在庫として商品が停滞してしまう。顧客から指名買いを受けるような強いブランド力を持たなければ、商品力だけでは生き残れなくなった。

売場での販売のことを「前バケ」と言う。「前バケ」とは、商品を前（最終顧客）へ掃く（販売する）という意味である。そして、売場販促のことを「前バケ策」と言ったりする。「前バケ」をメーカー企業が自ら実施することは、小売店で顧客に商品を販売することを重視し始めたことと関連がある。しかし、「前バケ」という言葉が示すように、商品を販売することに重点がおかれ、顧客不在になる可能性が高い。

「前バケ」だけを実現しようとすると「とりあえず売場にある商品を売ってしまえばよし」という考えに陥ってしまう。この企業では、「前バケ」の具体的行動として、小売店等に什器（商品ディスプレイやブランド単位で商品を陳列できる機材）を入れることで顧客に商品をアピールする、商品購入者には景品をプレゼントするというセールスプロモーションによって販売を促進する試みが行われていた。

しかし、什器にディスプレイされる商品は同じであるべきところが、店舗によって異なっていたり、長期間同じ商品がディスプレイされたままになっているということが目立っていた。什器を入れる、キャンペーンを行うことによって商品を顧客に販売することが本来の目的である。そうではなく什器を入れること、キャンペーンを行うことが目的になっていた。そのため、販売促進の結果も充分に検証され次に活かされる状況にはなっていなかった。現実には販売促進活動は、販促部門からの指示を単に実行するだけということが多く存在した。

何よりも、営業には小売店や販売代理店へ商品を販売することが活動の中心という、仕事のスタイルが定着していた。そのため、売場で商品を最適な顧客とマッチングさせ、売り切ることについての意識は高いとは言えない状況であった。

小売店への販売と顧客への販売の違い

そんな状況を目の当たりにしていた担当は、「アパレルのマーケティングを何とかできないか」の本部長の言葉を、「抜本的な仕組みづくりを考えてくれ」と理解した。仕事の方法を変えて、行動を変える必要性を頭に描いた。

この企業のビジネスは元来、販売代理店を通じた取引を中心としてきた。しかし、近年は大型専門店、百貨店を中心として直接取引を行う小売店が増加してきている。一方で、営業活動は販売代理店、小売店への商品の販売に集中していた。しかし、販売代理店、小売店へ販売した商品がどのような状況になっているのかを、正確かつ迅速に把握できない。そのため、シーズン途中で販売状況に応じた行動をとれないことが問題となっていた。特に、消費が低迷すると、売れる商品と売れない商品の差が明確となり、その状況を素早く把握し、迅速に対策を講じることが企業の収益に大きな影響を及ぼすようになっていた。

この企業のアパレルビジネスは数百億円規模の売上がある。複数のビジネスカテゴリーがあったが、ビジネスの方法に大差はない。抱える問題は同じである。「アパレルのマーケティングを何とかできないか」という言葉は、この企業のアパレルビジネス全体に共通する話である。この問題を解決するためには、商品開発を中心として販売まで、ビジネス全体にわたり手を入れなければならないと担当は考えた。部分的な対応では抜本的な問題解決にはならず、競争力を手に入れることができないことは、過去の経験から感じていた。

顧客に直接販売する機能がすでにあるビジネスは何か。多くあるアパレル事業の中でもスイムウェアビジネスでは、百貨店へメーカーが販売員を派遣していた。そのため、商品の開発からユーザーである最終顧客（以下、顧客）への販売までメーカーが直接関与できる状況にあった。このビジネスをモデルにすることに決まった。スイムウェアビジネスの中でもレディススイムウェア（以下、スイムウェア）のビジネスは、一般アパレル商品に類似した商品と言える。それは、商品のシーズン性、流行性といった側面と、販売面の接客販売、売場における商品の入れ替え、見せ方が販売成果に大きな影響を与えるといった側面に現れる。このような商品面、販売面の特徴が他のスポーツアパレル製品とは異なり、きめ細かな計画と行動を必要としていた。このこともモデルとして選択した理由である。

このプロジェクトは、商品を商品使用者である最終顧客にいかに販売し、販売活動を完結するのか、そして、販売活動の完結を目指す中で市場をよく理解し、その上で明確な根拠をもった商品開発ができる仕組みをつくりあげることを目的としていた。以上のことを実現することで「アパレルのマーケティングを何とかできないか」の答えとすることを考えた。

このプロジェクトは大都市圏の百貨店売場をモデルとして、一九九九年三月に準備チームが結成された。プロジェクトは企画部門、営業部門、マーケティング部門によって構成された。活動開始一年は売場の情報を収集する仕組みの構築が行われた。そして、二〇〇〇年四月よりアパレルビジネスの店舗運営、営業システムを専門とするコンサルタントを加え、販売革新プロジェクトとなった。

この企業のブランド別シェア順位は三番手から四番手である。スイムウェアの主要ブランドは四ブランドから五ブランド。このポジションであると、売場から外される場合もある。企業の規模は大きいが、スイムウェアビジネスの規模は小さい。ポジション的にも厳しい。営業は、この中で戦いをしていかなければならない状況にあった。

顧客と商品がマッチングしなければ販売は成り立たない

嗜好、スイムキャリア、体型、年齢によって顧客は分類できる。健康志向の高まりによってここ数年、スイムウェア市場は急速に拡大した。それに伴い新規参入が増加している。各メーカーは顧客のタイプにあわせた製品を開発し、他社との差別化を狙った。そのため商品の数は増加し、顧客タイプの増加と併せて、顧客と商品をマッチングする売場の業務は複雑化している。そのため、営業にはこのように複雑化した売場の業務を解決することが求められている。

営業業務の中心は、従来は、展示会商談と、期中の受注処理と商品確保、売場への定期訪問と得意先担当者からの情報収集と情報伝達にあった。

①展示会商談は売場の販売シミュレーション

展示会とは、新商品を紹介し、小売店から発注をもらう場である。年二回開催される。展示会では個々の商品説明も重要であるが、ブランド毎に市場をどのように捉え、どのような考え方に基づき開発を行ったのかを小売店に理解してもらうことが必要となる。これは、売場を構成する上で、小売店は複数企業のブランドの位置づけを理解し、異なる位置づけのブランドを組み合わせ、一つの魅力的な売場を構成するからである。

小売店の考えるブランドの位置づけと、メーカーの考えるブランドの位置づけに差がなければ問題はないが、差がある場合には営業が交渉によって修正をしていく。上位ブランドと下位ブランドの差はここで発生する。上位ブランドは一般的に顧客の指名買いを受ける場合が多い。客の呼べるブランドであり、売場構成に不可欠なブランドとなる。そのため、上位ブランドを中心として売場の商品構成が決められる。当然、売上の大きな領域、すなわち「おいしいところ」は上位ブランドが占めることになる。下位ブランドは、売場の展開ブランドのバリエーション、および、上位ブランドが手薄な領域の補完として位置づけられる場合が多い。

営業からの働きかけがなければ、下位ブランドは「おいしいところ」に入り込むことが難しくなる。営業には、自社ブランドのポジションを確保しながら、売上規模の見込める領域への提案をすることで、その領域の売上を拡大する努力が求められる。

しかし、仮に、「おいしいところ」に食い込めたとしても次の問題がある。いくら売場に並べても顧客への販売が進まなければ、次のシーズンの発注は厳しいものとなる。具体的には返品を受け入れなければ次期シーズン商品の交渉が進まない、返品はないが発注金額が縮小されることになる。営業には「おいしいところ」への商品展開の交渉という働きかけと併せ、確実に顧客への販売実績が上がる商品構成や、販売方法の働きかけが求められる。

このように下位ブランドが「おいしいところ」に指定席を得るためには、売場へ並べるための障害、売場へ並べた後、顧客へ確実に販売するための障害という二つの大きな障害がある。そのため、商品力の強化のみならず、ブランド力の強化、売場提案、販売方法の工夫などを実行して障害を取り除いていくことが求められている。

メーカーが販売員を派遣している百貨店の場合、商品選択と数量算出は、前年の販売実績をもとに、営業、販売員の勘と経験によって行われてきた。ここで使用される販売実績はメーカーから百貨店へ販売された実績であり、顧客への販売実績ではない。それを、百貨店仕入担当や売場担当が内容と金額を確認して発注に至る。販売実績だけで顧客の需要動向を反映したものがどうかを見極めることは難しかった。販売実績にはすべての情報が記録されているわけではない。この情報の不足を販売員が補う。販売員の情報は感覚的なものが多い。強く印象に残っている現象が商品発注に影響を与える。商品を選択する販売員の間には、例えばこんな言葉が交わされる。

「今年は花柄の切り替えがよく売れたのよね。途中で足りなくなって相当売りのがしたわよ」「そう、そう、うちの売場も。Ｚ３４って品番でしょ。大きいサイズばかり残っちゃって。お客さんにはいつ入ってくるのって聞かれるし、入ってこない理由を説明するのが大変だったんだから」「私（営業）が売場に行くたびに商品在庫を聞かれましたよね」「来年もいけるかな」「ちょっと難しいじゃない。もう（お客さんに）一巡しちゃったんじゃない」「じゃ、この品番は昨年並みということでいくわ。残しちゃったら大変だから」。

このように、記憶に頼った議論となる。しかし、それでも販売員の長年の経験はすばらしい勘を生み出す。売れそうな商品と動きの鈍そうな商品を一見するだけで判断してしまう。しかし、これは商品毎のあたりや、はずれである場合が多い。その商品がどの程度売れるかまでの勘を持ちえている場合は非常に少ない。売上をつくりあげる場合には商品の選択と併せて、その商品がどの程度売れるのかという予測が重要な意味を持つ。商品毎のあたりやはずれでは不足である。

販売員に商品発注の主導権がある場合、営業は顧客への販売をあまり意識をすることなく、受注の目標数値との関係から発注に関与する。結果的に発注は、売場毎に大きな特性が出る。それを売場特性と判断するか、個人特性と判断するかは誰も答えを持ちえなかった。しかし、販売員を派遣している売場は、販売をする本人が売りの組み立てを考えながら商品を選択するため、条件は良い方である。販売員を派遣していない小売店は、営業による勘によって商品が提案される場合も多い。

各月の売上はどの商品を販売することで売上をつくりあげていくのかを検討し、展示会の発注内容を決める必要がある。これには、顧客と商品のマッチングについてのシミュレーションを繰り返すことが必要となる。単に商品を眺めながら、漠然と商品を選択する、あるいは、記憶だけを頼りにシミュレーションするような方法は、シーズンの売上を左右する重要な場面にはふさわしくない。従来の仕事スタイルでは、売上を組み立てるということと商品の選択が連動しないことになる。この仕事スタイルでは、商品単品の選択ということだけについて、限られたメンバーの限られた経験と勘によって選択がされるということになる。

②売場への定期訪問の二つの意味

営業は売場への定期訪問を通じて、目標に対する売上の進捗、在庫、商品販売動向について、派遣店員、売場責任者から情報収集する。

例えば商品販売動向は、自社の売れている品番、売れていない品番、他社の売れている品番、売れていない品番といったことを情報として入手する。それをイントラネットや会議で報告する。しかし、売れ筋、死に筋品番の情報は、それに対応する行動がなされて初めて意味を持つ。例えば、自社に存在しない商品特性を持つ商品が他社で売れていたとしよう。その場合、単に他社の「この品番が売れている」という情報は、会議で報告されれば、組織で共有化される。そのビジネスに関与する多くの人がその情報を知ることになる。しかし、それだけでは、単に他社が売れているだけの話で、自社の売上が上がるわけではない。自社の売上が上がるためには、その情報が行動に反映されることが必要だ。よく行われていることは、他社の売れている商品と類似の商品をシーズン中に投入することで、需要機会を得るようなことである。あるいは、売場でのプロモーションを強化することである。情報と行動は結びついて成果となる。いかに良質な情報が大量に収集できたとしても、対応行動に結びつかなければ成果を生み出すことはない。

それでは、情報を行動に結びつけるためにはどうすればいいのか。それは、商品と顧客のマッチングに関する仮説の存在にある。どの商品を積極的に販売し、どの程度の数量を売り上げるのか。あるいは、その商品はいったい誰に販売するのか。仮説はすべての商品に立てる必要はない。積極的に販売したい商品だけでも充分だ。そのためにはどのような販売方法を採ればよいのか。このような仮説があれば、積極的に販売しようと思っていた商品の動向に注目すればよい。このように、積極的に販売する上位品番を常に確認するだけでも、検証は可能である。検証ができれば差異を埋める方法を考えればよい。しかし、小売店に対し商品を販売することを行動の中心としている場合、売場で顧客と商品とのマッチングについての仮説は充分でない。そのため、売場で何が売れているかという情報も、「商品が良い」という理由だけで終わってしまいかねない。売上を左右する要因には商品以外にも、勧める顧客タイプ、品揃え、発注数量、投入時期、商品の見せ方（販促方法）などがある。要因に対する仮説がなければ、検証のしようがない。結局、売れれば「商品が良かった」。売れなければ、「商品が悪かった」ということで話は終わる。

3 「仕事スタイル」をどのように変えるのか――小売店への販売から顧客への販売へ

営業の中に販売員の視点をつくり込む

売場で顧客と商品のマッチングを実現するためには、売場における顧客タイプ別の行動を掌握し、そのタイプ別に商品を品揃えし、タイミング良く投入するとともに、顧客が商品を手に取り、購入する仕組みをつくりあげることが必要である。特に指名買いの率が低くなる下位ブランドでは、この仕組みをつくり、売上の上がる「おいしいところ」へ徐々に浸透していく必要がある。しかし、営業にとってマッチングに必要な知識の多くは、ブラックボックスになっている。営業に顧客と商品をマッチングする知識が少ない場合、その知識は販売員に依存する。営業がその知識を持たなければ、一見、商品開発から売場までつながっているように見えても、実は営業段階で切れてしまっている。

それでは、営業が顧客と商品をマッチングする知識を獲得するにはどうすればいいのか。

実現のためには、販売員と同じ経験をすることで勘を養成していく必要がある。擬似的に同じ経験をするために、売場全体の売上がどのようにつくられるのか、そして、それがシーズンによってどのように変化するかについて、正確に把握することから始めた。

①売場の売上がどのように実現しているかを把握する

小売店や販売代理店との取引については一〇年以上前から詳細に知っていても、売場では月別にどのような商品がどの程度販売されるのかについて、正確に把握できていない場合が多い。ましてや、どのような顧客がどの時期に来店し、どのような商品を望んでいるのかという話になれば、ますます分からない。それは、従来の営業活動にはあまり必要のない情報だったからである。小売店への売りを実現するだけで汲々としている状況では、そのような情報を手に入れる余裕もなかった。手に入れてもそれを活かすための方法もなかった。売場でどのように売上がつくられるのかという知識がなければ、仮説をつくれと言ってもしょせん無理な話である。経験は少なく勘は働かず、根性だけで仮説をつくってしまう。

まずは、売場で顧客に販売された実績を手に入れ、売上構成を把握した。商品には商品情報が印刷された下げ札がつけられている。もともとは流通において商品管理を効率的に行うためのものである。この下げ札にはＪａｎコードが印刷されている。売場で販売された商品の下げ札を回収して、入力する作業が始まった。小売店ではＳＡ（ストアオートメーション）の中心的ツールとしてＰＯＳレジスターを導入していることは珍しくない。しかし、一般に「平場（ひらば）」と呼ばれる複数企業の商品が混在して陳列されている売場では、各社が独自の努力でデータ入手経路を整備する他はない。新しい仕事が増えることには少なからず抵抗もある。数年前に別担当が下げ札を集めてデータ化することが途中で頓挫していたこともこの決定に不満が出る要因となった。それでも粘り強く回収を進めることで一年分のデータが蓄積されると、様々なことが明らかになってきた。販売データは蓄積量が多くなるほど活用範囲が拡大する。例えば、販売予算を設定する場合に、単年度より複数年度データがあればより深い検討が可能だ。店別月別の販売変動、販売の構成といった内容が品番、色、サイズ別に把握できるようになった。

②仮説が立案できる情報の整備へ

情報は集め出すと次から次へと新しい種類の情報が欲しくなる。データが整備され始めると、「この品番はどうしてこんなに売れたんだろう」、「この月は異常に販売数量が多いけどいったい何かあったの」「どんなお客さんが買ったんだろう」といった会話が交わされるようになってきた。分からないことが、何かが分かり始めてきた。いったいどのようなプロセスを経て販売が実現したのか。どのようなディスプレイをしていたのか、販売員が積極的に販売しようと意識していたのか。どのように商品を説明したのか。商品のどこが気に入られたのか。さらに、競合他社が類似商品を投入したタイミング、販促をしたタイミング、自社、他社が欠品をしていなかったのか、など、状況情報を集めることで、販売データと状況情報がセットになって売場で内容が再現されていった。

状況情報を集めるために、週単位の販売状況を販売員が記録し、その内容を営業へ提出するようにした。さらに、週単位の記録をもとに月単位の販売傾向を販売員が整理し、営業へ提出するようにした。従来、営業は主に売場における販売員との会話を通じて、販売状況を把握するように努めていた。しかし、この方法であると、営業間で販売状況の把握に格差が生じることと、情報として組織に蓄積されない問題があった。また、過去に遡って販売状況を確認することは、営業、販売員の知識に頼るしかなかった。そこで、販売員が何を考え販売したか、そしてどのような方法で、どのように販売したのか、その結果、どのようなプロセスを経て購買に結びついたのかを文字で記録してもらった。

しかし、この記録は簡単ではない。自分の行動、あるいは現象とはいえ、文字で表現するにことは、スキル（技能）が必要である。当初提出された報告書はプロジェクトメンバーが必要とする条件を満たすものではなかった。

販売データと状況情報を集めることは何でもないような話だが、週報、月報、電話、面接など多様な手段を使い、時に「売るのが仕事なのに、情報集めに時間がとられてかなわない」と苦情を聞きながらの作業である。情報収集のフォームを決め、情報を流してもらい、提供された情報に対して、「こんな書き方できない？」とか「こんなことを書いてもらうとすごく助かる」「こんなことがあったんですね。もう少し詳しく聞かせてもらえませんか」と情報を提供するという行為に対して営業が評価を与えることによって少しずつ動きはじめた。さらに、提供された情報に対して、しっかりと「良い」「悪い」、あるいは「こうしてほしい」というフィードバックを続けること、そして、その情報がどのように使われているのかを示していくことが状況情報の質を上げることになった。このようなことを通じて、売場の売上構成とそのプロセスについての知識は徐々に営業へ蓄積されていった。

③顧客と商品をマッチングする知識を獲得する——「エキスパート販売員」のノウハウ

売場で情報を最も多く持っている販売員。販売員は二つに分類できる。一つは、キャリアが長くかつ販売力のある販売員（ここでは、「エキスパート販売員」と呼ぶ）。もう一つは、キャリアの浅い販売員。

顧客と商品をマッチングする上ではノウハウが必要だ。顧客をあるタイプに分類し、その顧客が欲しいと予想される商品特性を考える。その商品を顧客へ提示するとともに商品特性を説明する。商品を提示し、顧客の反応によって再度商品を提示することを繰り返し最適なマッチングが成立する。エキスパート販売員はこのマッチングを最短で行うことができる。これは経験の蓄積とそこから生まれる高い勘の精度によるものだ。エキスパート販売員のこのマッチングノウハウを営業が取り込めば、売場で顧客に販売することを焦点とする商品提案が可能になる。そこで、エキスパート販売員への「聞き取り」を毎月一度行った。この作業は、一つのトピックを丁寧にねばり強く聞き取る作業である。特定の商品を売る時に、どのような仮説を立てるのかを断片的に聞き取る。いきなり「どんな仮説を持っていたか教えてもらえませんか」と聞いても聞き出だせない。「誰に販売しようと考えたのか」「顧客にはどのように話をするのか」「なぜ、このタイミングでディスプレイしたのか」といったことを一時間から二時間かけて段階的に聞き取りをしていく。これを繰り返すことで、顧客と商品のマッチングの知識が営業に移転した。

考える場と考える方法をつくり込む——新しい「勘」を引き出す仕組みづくり

売場において販売員が顧客に販売した実績には、メーカーが小売店へ販売した実績にはない価値がある。それは、取引が成立した一つひとつの商品毎に顧客が関連づけられることである。それはどのような特性を持つ顧客に販売するために、その商品を売場にどのタイミングで投入するかという仮説の立案に活かされる。従来の小売店、販売代理店に対する取引を中心とする行動では、顧客への販売に関する情報を入手することは難しい。また、その必要性も高くはない。そのため、販売仮説を立案しようにも仮説を立案するための情報を持たないことになる。つまり、限られた経験の中での勘による行動になってしまう。さらに、その仮説を検証するための、組織的な手段はない。

販売仮説の立案として、まず始めたのが、どの商品を重点的に販売するかを決めることだった。キャリアの長い「エキスパート販売員」がいる売場は経験的に、重点販売商品を決めていることが聞き取りから明らかになっていた。その商品を中心として売上をつくっていく。それ以外の売場は、重点販売商品を決めきれずに、販売された商品は分散していた。つまり、顧客に対する「働きかけ」が強くないため、顧客も買いたい商品がはっきりしない状況となっていた。売場で商品が正面を向いて陳列されることを、フェイスアウトという。フェイスアウトする商品は顧客に目につきやすいことによって、同じ商品あるいは、フェイスアウトした商品の色違いが購入される確率が高いことが分かっていた。「エキスパート販売員」は重点販売商品を積極的にフェイスアウトすることで売上をつくりあげている。どの時期にどの顧客に対して販売する商品という仮説を持って、計画的に販売している。そこで「エキスパート販売員」がいる以外の売場で、営業が主導となって、重点販売商品を決め、どこに陳列するかを決めていった。

さらに、売場での販売データと状況情報、エキスパート販売員のノウハウをもとに、売場で顧客に販売する行動を、専用シートを使って一カ月単位でシミュレーションしていった。このシミュレーションは、この先一カ月、営業が担当する売場で、どのような顧客にどのような商品を、どのように販売するかについて考えることである。このシミュレーションによって一カ月の販売をデザインできるようになった。最初はミーティングをしても、必要な情報が充分でないことと、仮説をつくりあげる道筋が分からないため試行錯誤が続いた。

シミュレーションは、大きく三つのテーマで構成される。第一に、前月の仮説を検証する。売上目標の達成状況ではなく、その内容を重視する。すなわち、前月のミーティングで決めた重点販売商品と、販売仮説がどの程度実現されたのかを検証する。第二に、当月重点販売商品を決定する。第三に、重点商品の販売方法を検討する。重点商品の特性や企画が意図した顧客を確認しながら、顧客の問題とそれを解決する商品との関連によって販売方法を決める。このようなシミュレーションを通じて、営業は擬似的に販売員の経験を積み重ね、勘を養っていった。

このシミュレーションは、展示会の発注方法に変化をもたらした。そのシーズンの商品を確認することだけからの発注から、前シーズンや現シーズンのデータや状況情報を参考にした発注へ、そして、売場の販売力と顧客層、顧客ニーズを考慮した発注へと進化していった。

活動の成果

このプロジェクトはまだ試行錯誤を繰り返している。そんな中で徐々に成果が出始めてきた。モデル店の一つでは、競合ブランドが前年売上を割り込む中、活動八カ月目に、前年を六%上回る成果を上げている。さらにブランド別シェアは、従来一五～一六%だったものが一八～二〇%へ上昇した。

さらに、注目すべきは営業の行動変化である。営業と販売員の間では、自主的に専用シートを用いた打ち合わせが行われ始めた。数字の成果は大切であるが、「仕事スタイル」を変えるという面から言えば、営業が新しい「仕事スタイル」を動かしていく推進役となり始めたことは大きい。一枚のシートを通じて「考える」ことによって、一カ月の販売をデザインする。そして、考えたことが売場で実現されるという「仕事スタイル」が確立しつつある。

4 おわりに

本章では、強力なチャネルを構築し、強力なチャネル管理を営業の業務としていたメーカーが抱えている問題を、一つのプロジェクトを通じて確認していった。その問題とは、小売店、販売代理店という直面する流通への取引を実現することがメーカー営業の使命として、営業の「仕事スタイル」として染みこんでいることだ。

営業は取引を実現する主体者である。ビジネス成果である売上や利益を実現するために営業は不可欠である。ビジネスを完結する上では、最終顧客に対する取引を実現しなければならない。そのためには、営業の仕事スタイルを小売店への販売を主体にする行動から、最終顧客への販売を主体にする行動に変えることが必要だ。仕事スタイルを変えることについて本章では、三つのことが確認できた。第一は、仕事スタイルを変えるプログラムの必要性だ。第二は、そのプログラムの核は、顧客への販売視点をつくり込むことだ。第三は、そのプログラムの運用において、営業が持つ創造能力が活かされることだ。

第一は、営業の行動を最終顧客との取引時点に移行させるには、かけ声や方針だけではどうにもならない。現在の仕事スタイルに、新しい仕事スタイルの一部を組み込みながら段階的に変えていくプログラムが必要となる。そして、プログラムの段階毎にその必要性を営業が理解しながら進めることが重要となる。

第二は、かけ声や方針で営業のやり方が変わらないのは、変わる先の視点が存在しないからだ。変わる先の視点は、変わる先において行動している人間が経験を通じてのみ得る知識を得ることで半分がつくり込まれる。半分というのは知識だけでは完全に視点がつくり込まれるわけではないからだ。残りの半分はその知識を自分で使うことによってつくり込まれる。仕事スタイルを変えるためには、この知識をうまく営業に伝え、使える場をつくる仕組みが必要だ。直接体験することが難しく知識が存在しない場合は、最も進んだ知識を持つ人を見つけ、知識を獲得する仕組みを確立する必要がある。今回、注目したプロジェクトでは「エキスパート販売員」がそれに当たる。獲得した知識を営業が自ら使う場も重要だ。営業が勘を発揮するための仕組みが勘をつくりあげる。プロジェクトでは、毎月行う販売シミュレーションの場がそれに当たる。

第三は、営業につくり込まれた顧客への販売視点が、成長する仕組みが必要だ。これは、知識をメンテナンスすること、そして勘を鍛えることだ。顧客と日々やりとりを繰り返す売場は、日々新しい知識がつくりあげられる場となる。売場の知識と営業が獲得した知識に格差を生まないためには、知識を意識してメンテナンスすることが必要となる。さらに新しい知識に合わせた勘も必要となる。そのためには、シミュレーションと現実を突き合わせる、継続的な仮説と検証を繰り返していく仕組みが必要となる。それは営業の創造能力を発揮させることだ。

人間の創造的な能力は、経験あるいはデータといった勘が機能する領域の知識が存在することによって初めて有効に発揮される。営業のマネジメントでは勘や経験に基づく行動は、根拠や再現性がなく標準化できないことから、「良くないこと」として一般に定着している。しかし、営業の世界でも最近注目を集めている、仮説・検証型営業の、「仮説」部分は、人間そのものが持つ創造性そのものだ。仮説を立案できる営業の仕事スタイルは、最終的に取引を実現したい顧客との取引についての経験を獲得し、獲得した知識をもとに勘を発揮する仕組みの上に成り立つ。その仕組みを繰り返し使用し、仮説と検証を繰り返すことによって、初めてそれが新しい「仕事スタイル」になる。

第2章 商品先物取引の営業
――営業の原点を蘇生する方法

1 なぜ商品先物取引の営業なのか

〝敬遠される営業〟に内在する意義

商品先物取引の営業は辛い営業である。一般に、営業は断りから始まると言われる。しかし見込み客の断りは状況によって異なる。営業される商品・サービスは基本的に欲しいのだが今は間に合っている状況もあれば、極端には、その商品・サービスが自分に害を及ぼすのでアプローチしてくる営業を撃退してでも遠ざけるという場合もある。商品先物取引の営業はこの後者に近い。毛嫌いされ、嫌悪され、時には罵倒され塩をまかれることさえある。だから、断りを切り崩して見込み客と人間関係を持ち、商談ができるまで信頼を勝ち得ていくには、半端ではない辛さが存在する。

商品先物取引の営業パーソンは、よく〝当たりがきつい〟という言い方をする。これは、見込み客が、以前に商品先物取引を経験し何かしらの損害を被っていたなどの場合で、別の会社の営業パーソンがアプローチしてきた際に、今度は騙されないぞと、営業トークのすべてをネガティブに捉え対応する、そのような姿勢であることを意味している。一般に、五〇代以上の層にアプローチすることを営業パーソンは求められる。この見込み客層は、商品先物取引のどこの会社もアプローチする対象なので、過去の経験者などが多い（または、経験者でなくても複数の会社からコンタクトを受けている可能性が高い）。だからコンタクトできても、〝当たりがきつい〟場合が多いので、そう簡単に商談まで話を持っていけない。

商品先物取引の被害の例は多い。被害の相談は、弁護士や消費生活センターなどに持ち込まれる。中には被害者の会が結成されているケースもあるようである。概観すると、これらの被害に共通しているのは、儲かると誘われて商品先物取引を始めてみたが結局損をした、またその損害が予想をはるかに超えて大きくなった、というものである。このような事実は、尾鰭がついて世間に流布する。だから商品先物取引はとても敬遠される。

このように見てくると、商品先物取引がとても悪質な業界であり、その営業には並大抵の人間では務まらないという印象を与えるかもしれない。ところが実態はそうではない。商品先物取引は正当な商行為である。そこで働いているのはごく普通の人たちであり、ビジネスの礼儀やマナーを備えているし、決して世間の常識から逸脱してもいない。営業パーソンは、立派に日々の業務を精力的にこなしている。そこには、他の業界と同じように、営業の苦労と喜びがある。

試練が人を強くする。〝敬遠される営業〟だから、営業パーソンを強くする環境がある。現実に高い業績を残している営業パーソンが大勢いる。このような高業績者は、この業界が、営業に一般に逆風であることをまったく気にしていない様子である。筆者は、このような実情をよく見た上で、この業界で真摯に努力して営業技能を磨いている者ほど、実は他業界で営業についている者より逞しくパワーがあるのではないかと考えている。商品先物取引業界の、〝敬遠される営業〟に内在する意義をそこに求めたい。

営業スタイルは変わらない

「〝蜘蛛の営業〟ではダメだ、〝蜂の営業〟をやれ!!」、と怒声が飛ぶ。この表現が商品先物取引の営業スタイルの特徴を端的に表している。蜘蛛は糸を張り終えると、獲物が近づいて網にかかるのをじっと待っている。獲物の方からやって来るまで無駄なエネルギーを使いませんといった風に見える。一方、蜂はブンブン飛んでいき、蜂の方から獲物を攻撃する。常に獲物が近くにいるとは限らないので、探索に多くエネルギーを使っているかのようである。どちらが獲物を獲得するのに効率的でかつ効果的なのか。

〝蜘蛛の営業〟は確かに楽そうだ。日曜日ともなると『日本経済新聞』には、商品先物取引の会社の広告が多く掲載される。書籍をプレゼントする、無料のセミナーを案内する、ホームトレードを知らせるなどの内容である。なるほど、これで広告を見た人からアクセスさせ、会社から見れば、見込み客度の精度を上げて、それらの潜在顧客に集中して営業をかけようとしているのだと推察できる。このようなアプローチは一見効率的に見える。あたかも、〝蜘蛛の営業〟のようだ。ところが現実は、商品先物取引の会社の多くは、このようなアプローチを大々的に行うことには否定的である。その理由を一言で述べれば、営業パーソンの技能獲得の環境を狭め、時には奪ってしまうことになるというリスク認識があるからに他ならない。

商品先物取引業界に身を置く人たちの多くは、〝蜂の営業〟を信奉する。〝蜂の営業〟は、〝蜘蛛の営業〟と比較すると非効率かもしれない。ところが日々ブンブン飛んで獲物を探索している過程に営業パーソンを育てる環境があり、その環境の中で鍛えられているからこそ獲物を見つけたときに確実に捉えることができる。このような意味では、〝蜂の営業〟の方が長い目で見ると効果的なのだという思いが強くある。このような理由から、業界のトップマネジメントの多くは、少しでも営業の意識が、〝蜘蛛の営業〟へ傾くことに強い警戒感を示す。

商品先物取引でもホームトレードが始まっている。二〇〇五年の手数料完全自由化を前にして、すでにホームトレードでは一部自由化が行われており、同じ上場商品を取引した場合でも、営業パーソンに直接委託する場合に比べ手数料が格段に安くなることが多い。自宅でじっくり検討してから取引注文を出せるメリットに加えて、手数料も安いのなら、誰だってネット取引という手段を選びそうである。業界も、それを見越してか、各社がホームトレードのシステム整備の充実に力を入れている。

商品先物取引業の会社の多くは、それでも本音では、ネット取引にもネガティブである。潜在顧客と直接会って、フェイス・トゥ・フェイスで商談する営業スタイルを抜本的に変革しようとは考えていない。これには、二つの理由がある。一つは、生命保険とよく似て商品先物取引もニーズ顕在型ではない。典型的な潜在型需要である。必然的に、潜在顧客に対しマン・トゥ・マンでの働きかけを継続する必要がある。これは、商工ローン業界の営業にある意味で通じるところがある。商工ローン業界の営業は、事業所（多くは中小零細個人企業）が対象であるが、営業パーソンは一日何百本という電話をかけ続ける。中小零細個人企業では、資金繰り需要は突発的に発生するからである。このような突発的需要に素早く対応するには、営業パーソンの方からコンタクトし続けなければならないのである。同じように商品先物取引も、営業パーソンが潜在顧客のニーズを顕在化するために、常に動き続けなければならない。

もう一つの理由は、潜在顧客の投資判断力にある。日本の商品先物取引市場では、約九割が個人投資家で占められている。欧米のように企業や機関投資家の参加がきわめて少ないことが特徴である。個人投資家と書けば立派に聞こえるが、多くはごく普通の市民であると述べた方が妥当であろう。端的に言って、商品先物取引が何たるかを充分に理解していない人たちが大勢いる。したがって、投資判断力は低い。このような潜在顧客のニーズを顕在化させようと思えば、直接人間による、強い働きかけと手厚い説明がどうしても欠かせない。商品先物取引業の会社は、収入の九割以上を手数料に依存しているので、取引の頻度が重要である。したがって、顧客の投資判断力を高めて多く取引を委託してもらうことが大切である。営業の機能の一つに、このような取引増大を目的とした顧客開発があり、これは機械化では対応できないのである。

このように、商品先物取引の営業は、その特性ゆえにスタイルは変わりにくい。これが商品先物取引の営業であるという特徴が存在する。

A社の事例

商品先物取引の会社は、商品取引員と呼ばれる。日本にはおおよそ一一〇社の商品取引員が存在する。A社はその一つで、一般の会社の売上高に相当する営業収益の指標では、ベスト二〇に入る。業界大手と言っていいだろう。営業パーソンは二〇〇名を超える。創業四〇年を超え業界の老舗格である。東京に本社を、主要都市に支店などを置き、全国展開をしている。

社内の風土は、上意下達、信賞必罰がはっきりしており、当然のことながら若い営業パーソンの活気に溢れる組織である。毎朝、七時半には営業パーソンの全員が出社し、朝礼などを通して支店をマネジメントするリーダーが営業パーソンに気合いを入れる。典型的な商品先物取引の会社組織である。

縁があって、この会社とお付き合いすることになった。トップマネジメントとの意見交換はもちろんのこと、支店などのマネージャーの方々、また多くの営業パーソンにインタビューし、彼らの話を聞いた。商品先物取引の営業実態について記述した書籍はそれほど多くないのではないだろうか。筆者にはこれまで商品先物取引業界は縁遠い存在であった。しかし、仮に、少なく見積って一社平均して一〇〇名の営業パーソンがいるとしよう。すると、業界には一万人を越す商品先物取引の営業パーソンが存在することになる。彼らは実際のところ毎日何をしているのだろうか。それが少しだけでも明らかになることは価値あることだと考えた。A社の事例を中心にして考えてみたい。

実践的営業力の原点は個人の力だ！

今では、営業は根性論だけでは通用しない、と言われる。システムによる営業機能、若しくは組織的で効果的な営業が重要であるとする議論は（特にアカデミックの学者に）多い。筆者もそれらの議論を否定するものではない。ただ、〝一見無駄に見える個人の行動〟が、効率的でないという理由で、バッサリと切り捨てられているのではないかと感じる時がある。性根に、気合いと根性で活を入れ、日々技能を高め精力的に活動する営業パーソン個人は微力なのだろうか。

商品先物取引の営業で、典型的な場面の一つにテレコールと呼ばれるものがある。一人が、一日二〇〇を超える件数の電話をかけ続ける業務である。この業務では、翌日に四件のアポを獲得することが目標成果とされる。したがって、電話をかけた相手先にはほとんど断られるということになる。営業パーソンの大多数は男性である（A社では女性の商品先物取引の営業パーソンはいない）。また彼らは新卒入社で日も浅く電話による顧客コンタクトには不慣れである。筆者には、延々と続けられるこの業務が一見無駄に見えた。アウトソーシング化すべきではないかと思えた。テレマーケティング会社なら、一定のトレーニングを受けた女性が、もっとスムーズにコミュニケーションをとるだろう。きっとアポ獲得率が上がるに違いない。

ところが、このテレコールは日々営業パーソンによって頑なに続けられている。まさしく気合いと根性が、彼らを支えているように見えた。テレマーケティングというシステムを選択しない背景には、早く強い営業パーソンに成長しろという会社のメッセージが読み取れる。どのように話せば、電話の相手は自分に関心を持ってくれるのか、断られるのは当然であったとしても、ではどのように応対すれば切り返せるのか。その対処の感覚を、毎日の失敗の中から、全身でつかんでいくのである。〝一見無駄に見える個人の行動〟の中に、実は営業技能形成の環境が存在している。

実践的営業力の原点は個人の力であることを主張したい。個人の技能とエネルギーが高くかつ大きいことは組織全体の営業力を強固にする。個人の力はその基盤となる。では、商品先物取引の営業の実態を観てみよう。

2　商品先物取引営業の実際

商品先物取引の特徴と営業形態

日本の商品先物取引は、商品取引所法で規制されており、商品取引所（全国に七つある）で、実際の取引が行われる。この商品取引所での取引の売買は、商品取引員と呼ばれる登録会員企業のみしか行えない。したがって、一般の人が商品先物取引を行うには、商品取引員に取引を委託することになる。この際、商品取引員に対し、売買注文の担保として委託証拠金、そして一定の手数料を支払う。

実際には、商品取引員の会社に雇用されている営業パーソンにこの手続きを任せることになる。営業パーソンは、登録外務員の資格を有していなければならない。登録外務員試験に合格し外務員登録証を交付されている必要がある。登録証は二年毎の更新が義務づけられている。このように、営業パーソンは商品先物取引の仕組みやリスクなどについて、取引を委託しようとする人に対して説明できる専門知識を有している。

商品先物取引では、一般に、〝レバレッジ効果〟であるとか、〝ギャリング効果〟という表現が使用される。これは、商品先物取引が、少ない元手資金で大きな利益（または損失）が出てくる仕組みであることを意味している。実は、この効果が、商品先物取引の営業形態に大きな影響を与える。

相場が当たり続けることはない、と言われる。商品先物取引は、売りからでも、買いからでも始められる。相場が上昇すると思えば買いだろうし、逆に下降すると思えば売りから入るだろう。さて、このような取引において、〝レバレッジ効果〟のために、相場が当たれば利益も大きく出る。ところが、利益が出ても、次の取引を薦められるので（他の上場商品取引を始める場合もあれば、増玉《ましぎょく》といって今の商品取引の建玉《たちぎょく》を増やすこともある）、やがて相場が裏目に出た時に、同じように〝レバレッジ効果〟のために、これまでの利益が一気に吹っ飛び、あるいは大きな損失が生じることがある。一般に、〝追証《おいしょう》がかかった〟と言われる時、一般の投資家の多くはおそれおののく。追証とは、委託追加証拠金のことを言い、損失額があらかじめ差し入れられた委託本証拠金の半分以上に達すると発生する仕組みとなっている。

商品先物取引では、一般の投資家の多くが短命である。通常の取引では、一年か長くても二年もたない、と言われる。その理由は、先に述べた〝レバレッジ効果〟のために大きな損失が発生しやすいことに尽きる。ここに商品先物取引の大きな特徴を見ることができる。

業界の人は、〝顧客が傷む〟という言い方をする。商品取引員の側がらすれば、たとえ〝顧客が傷もう〟が、ルールに従い委託追加証拠金と取引手数料を集金できればいい。したがって、基本的には、委託者に取引を継続させ（利益が出ていればもちろんのこと、損失が出ていたとしても、である）、取引の量と頻度を高める働きかけを行うことになる。この働きかけの心理的な本質は、委託者を、〝もっと儲けよう〟、あるいは〝なんとかこれまでの損失を取り戻そう〟という気にさせることにある。そのために営業パーソンはあらゆるテクニックを使う。このような営業を、今ここで、「既存委託者開発営業」と呼ぶことにしよう。

ところが、やがて限界が来る。損失が拡大すると取引は手仕舞いされる。おそらくこのような経験をした委託者は、再度商品先物取引を始めようとする意欲が湧かないかもしれない。商品取引員の側とすれば、すでに取引をしてくれる委託者が、このように短命のため、市場から徐々に姿を消していくことになる。これでは預かり資産も増やせないし、収益源の手数料も稼げない。完全に会社はジリ貧状態となる。株式の信用取引と比べてみると明瞭であるが、この点が商品先物取引の大きな特徴の一つである。すなわち、顧客と長くハッピーな関係を継続させることが難しいのである。

会社は営利組織である。稼がなければならない。そうすると必然的に新規に委託者になってくれる人を探してこなくてはならない。これが、「新規委託者開拓営業」である。このように商品先物取引業界には、二つ形態の営業がある。

〝フローのマーケット〟とはよく言ったものだ。委託者を開拓しても、委託者の開発が難しく短命であるため、絶えず新規委託者を開拓し続けなければならない。簡単に述べれば、既存委託者への働きかけがうまく機能し取引が長期化する。そして新規委託者の開拓も磐石である。こうなればその商品取引員の会社は繁盛する。ところが、開発（既存委託者への働きかけ）が未熟で、開拓にも活力がなければ、会社組織として存在できない。必然的に二つ形態の営業に求められる要件は異なる。「既存委託者開発営業」は、〝質とテクニックの営業〟、「新規委託者開拓営業」は、〝量とパワーの営業〟とみてよいだろう。

営業パーソンの配置と組織

商品取引員の会社の採用は、新卒と中途に分かれる。新卒の場合は、定期学卒者と、いわゆる第二新卒者に区分けされる。どちらも学歴は、原則として大卒である。また当然のことだが、採用職種は営業である。このことは、営業では、外務員試験に合格しなければならず、商品先物取引の仕組みやリスクなどについての専門知識を習得できる基礎能力を有している人材であることが期待されていることを意味する。

ところが商品先物取引業界は人気がない。学生に本命はと問えば、金融関係業界であれば、一般に、銀行、保険、あるいは証券などが選択されるのは想像に難くない。A社の例では、毎年一〇〇名に近い定期学卒者の採用を計画しているが、採用担当者はいつも頭を悩ましている。予定採用数が埋まらないからである。内定を出しても確実に来てもらえない。大学の履修単位が卒業要件に満たないという情けない理由もあるが、多くは掛け持ち応募による学生側のキャンセル、周囲（特に家族）の反対などが障害となっている。

これは会社により異なるため一概には言えないが、定期学卒の新人営業パーソンは、入社一年以内に、多い場合には五〇％が離職する。定着したとしても二〇〜三〇％の退職者が発生するようである。多くの場合、組織不適合である。そうすると、四月に定期採用し組織に配置しても、翌年の四月までにボロボロと営業パーソンが抜けていくことになる。そこで、その穴埋めとされるのが、いわゆる第二新卒者の採用である。一年に数回定期的に募集され、少数単位（一〇から二〇名程度）の採用が行われている。この第二新卒者は、業界経験者ではない（ここがとても重要なところである）。定期学卒者も第二新卒者も、同じく、「新規委託者開拓営業」を担当するために採用されている。

少数であるが中途採用もある。ただし、中途採用には二つの意味合いがある。一つは、組織部門の一つを任せられる人材の採用である。本社を東京に置く商品取引員だと、例えば福岡の支店長に欠員が出た場合で、地元（ちなみに、福岡は、商品先物取引業界の激戦地域だと言われている）の業界事情に通じた経験者を採用し、当該組織を任せるような状況が想定できよう。もう一つは、組織の中間層で、「既存委託者開発営業」を担当する者の採用である。「既存委託者開発営業」は、素人には務まらない。商品先物取引相場について通じていなければ、この仕事はできないからである。必然的に業界経験者の採用となる。

「新規委託者開拓営業」は、とにかく、絶えず精力的に行動し、そしてたくさん潜在顧客を委託者にするという特性のものである。ほぼ何も知らずにこの業界に飛び込んだ多数の若年営業パーソンの配置が最適となる。一人の業績（業界では〝新規を上げる〟と言う）も平準化できるため、頭数を揃えておけば、一定の成果量は見込める。ただしこの前提条件は、彼らの心根に絶えず活を入れ続けていることである。組織は常に緊張していなければならない。

組織は、チームが適している。「新規委託者開拓営業」では、最初は同時にスタートしても、第一弾の組織不適合者が離脱し、その後高い業績を上げる優秀な営業パーソンとそうでない者とに分かれてくる。高業績者にとっては、組織をマネジメントする力は第一義に重要ではない。だから、彼らは、係長でも課長でもない。期待されるのは次の二点である。一つは、自ら高業績を上げ続けること（自分でたくさん〝新規を上げる〟こと）、そしてもう一つは、白紙の状態で入社してくる新人営業パーソンに営業実践を徹底的にＯＪＴすること、である。それらを遂行する立場は、チーム長が相応しい。

チーム長は、「新規委託者開拓営業」に専念する。本来なら、自ら委託者を開拓したのであるから、その顧客の取引についても、最後までフォローしたいところだろう。ところが、商品取引員の会社の多くは、開拓とその後の開発は、分業体制を敷いている。チームの営業パーソンは、委託者を新規開拓したら、事実上その顧客との関係はなくなる。彼らの先輩格に当たる既存委託者を管理する者に引き継いで、「既存委託者開発営業」を行ってもらうことになる。

この分業体制の背景にある考え方は明瞭である。相場は、常に動き、かつ内容が深い。したがって、相場を充分にウォッチしながら新規委託者の開拓を同時に行うことは、若い営業パーソンには荷が重いと考えられているからである。新人営業パーソンには、単純に新規委託者の開拓のみに専念させようとする配慮である。ただし、この裏返しでデメリットが存在する。それは、「新規委託者開拓営業」の営業パーソンが商品先物取引相場に通じていない、これに尽きる。その意味で、「新規委託者開拓営業」に配置される若年営業パーソンは、全員素人営業だと揶揄される。

チーム長時代に着実に実績を上げていれば、やがて組織の管理職に選抜される。一般に、課長代理であるとか、グループ（複数のチームを統括する組織単位）長などの職位に就く。この時点で、同じ営業でも職務が、「新規委託者開拓営業」から「既存委託者開発営業」に替わる。分業の一方から一方へ移るのである。筆者は、当初、この現象がとても奇異に見えた。ある日突然昇進し、既存委託者の対応をせよと指示され、これまで培ってきた新規開拓の営業技能が、途端に使われなくなるからである。それも、立派に新規を上げ続けた実績が評価されてその昇進が実現しているのであるから、皮肉である。〝量とパワーの営業〟の技能はここでストップし、これ以上開発されない。その後、彼らは後輩を管理する立場となる。

先に述べたように、「既存委託者開発営業」は〝質とテクニックの営業〟である。ここで必要とされる営業技能は、〝量とパワーの営業〟で使われる技能とは明らかに異質である。商品先物取引相場に通じていなければならない。通じていなければ、既存委託者にどのように取引を働きかけてよいか判断できないからである。昇進した営業パーソンは、この技能も一から学んでいく。取引が行われている日中は、彼らは内勤である。相場の動きをウォッチし、既存委託者と電話で応対する。一人が受け持つ既存委託者数は五〇とも六〇とも言われているが、全員の委託者がいつも取引をしているわけではない。常時対応する委託者数としては十数人が限度であろう。彼らの営業の使命は、既存委託者に働きかけて取引を引き出し、結果として集金（預かり資産であったり、手数料であったりする）することである。

場が閉まった後は、支店やグループの社員管理を行う（場が開く前の時間も同様である）。いわゆる彼らの後輩にあたる「新規委託者開拓営業」の営業パーソンを指導・育成する。

同行営業が多く行われる。この時には、「新規委託者開拓営業」の技能を後輩に伝えることができる。また、朝夕には営業のロールプレイングなどの訓練、テレコールの指導（新人営業パーソンの会話を録音してそれを確認しながら行われる）などの教育・訓練を行っている。このように、一見分業体制には分断されるというデメリットが大きく働きそうであるが、実はそれぞれ異質な営業に当事者を集中させるというメリットを享受しながらも、そして縦の組織構造となっているためＯＪＴや教育・訓練を通して「新規委託者開拓営業」の技能は継承されているのである。

二つの営業の業務プロセス

では二つの営業は、具体的にどのような業務で構成されているのであろうか。ここでは順を追って、各業務の機能を説明する。

「新規委託者開拓営業」

①顧客コンタクト

新規委託者を獲得するために、まずはターゲットを選定しコンタクトを取る。業界では、今日でも飛込み訪問が行われている。だがこの営業方法は主流ではないようだ。テレコールによるコンタクトを採る会社の方が多い。イエローページのデータベースなどが利用されたりする。だがこれだと、各社が同じターゲットにかけることになるので、各社工夫しながら名簿業者から有望顧客リスト（例えば、高級自動車購入者リストなど）を購入するなどして、独自のターゲットリストを作成している。それに片っ端から電話をかけるという業務である。

原則として、二日一セットで段取りが組まれている。つまり、一日は電話をかけ続ける日、そして翌日は営業に出る日、となる。翌日一日の時間割は四区分されている。したがって、翌日効率良く営業しようと思えば、今日のテレコールで四人の予約を取らなければならない。見ず知らずの人間に一方的に電話をかけ、商品先物取引について（最初は、「お客様の資産の運用について」などと柔らかい言いまわしが使われる）、明日直接お会いしてお話しましょうという約束を取りつけることがこの業務の目的となる。業界の経験則では、翌日四件の予約を取るには、今日、二五〇から三〇〇の電話をかけ続ける必要がある。

②営業準備

〝内容のある予約〟という言い方をする。翌日四件のアポが取れたとしよう。肝心なのは、そのアポの内容であると言われる。営業パーソンは個人毎に何種類かのノートをつけているが、その一つのは、テレコール時の予約顧客との対話状況の記録である。すなわち、テレコールの段階でどのような会話がなされ、対象顧客の属性、資産の状況、商品先物取引への関心度などがどのような状況かが、ごく簡単に（わずかな時間の会話でそれほど詳しく聴けるはずもないが）記されている。中には、予約をとにかく入れないと、明日も会社から出られないので（つまり、強制的にまたテレコールの日とされる）、乗り気ではない電話の相手先に対して、無理に時間と場所だけを告げ、あたかも予約が取れたかのように見せかける営業パーソンもいる。このような予約を〝内容のない予約〟という（なぜなら、明日会いに行っても会えないし、仮に会えても話し込めないからである）。上司は、その記録ノートを毎日チェックする。そして内容を確認して怒鳴りつける、または明日の訪問時の留意事項などを助言する。一件の訪問といえども徒労で終わらせたくないからである。この時、優秀な営業パーソンは記録ノートを再確認する。そして、予約顧客のタイプに対応して一定の状況仮説を立て、訪問時に起こりうることを事前に想定し、相応しい商談トークを準備しておくという。彼らには、テレコール時の予約顧客の話し方で、ある程度訪問時の状況展開が推察できている。

優秀な営業パーソンは身だしなみを整える。営業パーソンのスーツの色はほとんど紺である。ネクタイは曲がっていないか、髪はきちんとセットされているか、を鏡で確認する。特に重視されるのは、笑顔（スマイル）である。出かける前にわざわざ笑顔をつくってみたりする。これらの動作と対比するととても対照的だが、朝の朝礼では、とにかく全員声が大きい。出発前の気持ちの高揚を重視する雰囲気が確かに読み取れる。この静と動の動きが観察できるが、よく観てみると優秀な営業パーソンほど、用意周到な準備を静かに行っている。鞄のなかの七つ道具（委託のガイド、薦めようとしている上場商品の資料など）の再確認、効果的なプレゼンテーションを含めた自分の得意な展開に持ち込めるようにするためのイメージトレーニングなどに留意している。

③顧客アプローチ

とにかく予約顧客と当日会うことができたとしよう（新人にはここまで来るのも大変である）。目的は、一定の時間で取引契約を締結することである。彼らが定める一定の時間とは六〇分間である。経験則から、六〇分あれば、初めて会った人から商品先物取引の契約意思を引き出すことは十分可能だという。ところが問題なのは、全員素人営業だと揶揄されるごとく、経験の浅い営業パーソンは、この六〇分間の話し込みさえできない。契約意思を引き出す、などの話ではないのである。帰社すれば、別のノートに今日の訪問記録を記述する必要があるが、「会えず」「話し込めず」という意味の記号がやたらに多いことが分かる。予約の内容が悪ければ、予約顧客にすっぽかされたり、少し言葉を交わして追い返されたりする。テレコールの断りと併せて、面談の拒絶は、営業パーソンに相当ストレスを溜めさせる。けれども、これも多くの失敗を重ねて、とにかく六〇分間は話を聞いてもらえるようになる。

肝心なのは、この六〇分の時間の組み立てである。営業パーソンの経験則では、前半の一〇分少しを顧客へのアプローチ時間とし、半ばの三〇分少しを商談時間（業界では〝状況説明〟という）とし、そして最後をクロージングの時間としている。三つの意味のある時間のブロックを想定して営業トークを組み立てている。

最初の顧客アプローチの目的は、顧客と一定の人間関係をつくることにある。最初のつかみの部分であるから、何が重要かといえば、信頼と興味を得ることに尽きると営業パーソンは共通して指摘する。まず、自分は決して怪しい人間ではないことを示さねばならない。基本的なスタンスは誠実であることである。これで一定の信頼感は勝ち取れる。これがないといくら興味深い話をしても受容されない。ごく普通の世間話から入るというが、よく聴くと優秀な営業パーソンは、顧客の資産の状況や運用についての考え方についての情報を吸収できるように質問形式で会話を進めている。彼らの隠された技能は、顧客に多くを語らせることである。すなわち、できるだけ聴き役に徹していることである。これにより一定の情報が入り、所期の目的とする一定の人間関係が形成される。

④商　談

実は、商談の進め方は営業パーソンにより多様である。まず、リスクの説明から入るという営業パーソンがいる。商品先物取引は自己責任が原則であり、元本が保証されるものではなく、相場の変動によって損失が発生することがある、とはっきりと説明するという。これが最も王道となる進め方であろう。技能の未熟な営業パーソンが、このように切り出せば、間違いなく顧客は引いてしまい、その後の展開へと発展していかないと恐れる。したがって、極端に、〝甘い話〟から入っていくことになる。「必ず儲けさせます」「損は絶対にさせませんから」など、いわゆる商品先物にまつわるよくある話が行われる。これは、法的には商品取引所法に抵触するし、そもそも未熟な営業であることの裏返しである。

商品先物取引の上場商品はたくさんあるが、一般には、金かガソリン・灯油が薦められることが多いという。前者は相対的に値動き小さく、かつトレンドがある（長期で見て上がっているのか下がっているのか方向性があるいという意味）ものの代表商品であり、後者は短期間で値が大きく動くものの代表であると思えばよい。前者が素人向きで、後者が経験者向きと言われるのも頷ける。大切な点は、営業パーソンは、すべての上場商品についての相場状況を満遍なく頭に入れているのではなく、このような特徴を持った二、三の上場商品に絞り、後は顧客の状況にあわせて商談を進める。

実績を残している営業パーソンは、この商談のプロセスで最も重視することは、顧客の疑問や懸念の払拭であると共通に指摘する。すでに指摘したが、商品先物取引は正当な商行為なので、その取引の仕組みについては何も説明に困ることはない（ただし、きちんと知識を習得していることが前提となるが、努力不足でこれさえもできていない営業パーソンが大勢いるのは困ったものである）。問題なのは、世間一般の商品先物取引に対するネガティブなイメージの払拭なのである。これは、とても心理的なものである。一般に、会社は怪しくないか、何か騙されていないかと思われる。顧客の、そのような心理的なネガティブイメージをポジティブなものに変えていかねばならい。優秀な営業パーソンは、その一つひとつの疑問や懸念にとても敏感である。細心の対応でそれらの問題に対処する。

⑤クロージング

顧客はまず断ってくるものだと営業パーソンは考えている。しかし大方の断りはポーズであると言う。ポーズとは、乗り出して話をすると足元を見られかねないという心理から、顧客側は引いた態度で最初は断ってくる態度を言う。よくあるセリフは、「金がない」「興味がない」「暇がない」「損しそうだ」などである。ところがこのような断り文句には、それぞれ切り返し話法がすでにマニュアルで整備されている。したがって、営業パーソンはまったく困らない。逆にほら来たぞと、その切り返しを試せることに喜んでいるくらいである。最終的な取引契約の意思を引き出す場面をクロージングと呼ぶ。顧客の関心が徐々に高まってきていることが、顧客の言動で分かるという。営業パーソンが共通して指摘するのは、「何枚から始められるのか」「手数料はいくらか」などと具体的な質問が出てくることである。これらは、契約意思表示のサインであると認識されている。これは、釣り糸のウキが、ピクッ、ピクッと、引く感覚に似ていると言う。いよいよ！　という状況をしっかり見据える。クロージングはこの時に行われる。

クロージングは全身全霊で行うもの、これが営業パーソンの共通認識である。顧客が盛り上がってきているのに自分が冷めていたのでは話にならない。顧客が響くように営業パーソンも響く必要がある。自分が熱くならないとダメですね、と営業パーソンは口を揃えて言う。大声で捲くし立て契約を迫るのかと思っていたら、意外と「〇〇様のためにがんばります」「私に実績をつくらせて下さい」と小さい声で魂をこめるのだという。その魂を伝えることに全神経を集中させる。

⑥見込み顧客維持

スッポンのように食らいついたら放さない。とりわけ、六〇分間の接客をした顧客は絶対に逃がさないという強い執念がある。前述したように、六〇分で契約意思を引き出すことを基本とするが、それでも顧客にその場を逃げられることは山の数ほどある。営業パーソンはノートにその時の接客状況を記して時が来るのを待つ。薦めようとする上場商品の相場が動いた時（業外では〝材料がある〟などという）などに、再度電話による勧誘が行われる。見込み顧客の維持は重要な業務である。

営業パーソン個人としては、あたためている潜在顧客であり、ターゲットが熟成しない間は、あまり過剰なプッシュはしたくない場合がある。けれども上司は、組織の新規開拓業績が思わしくないと、一人でも多くの新規委託者を獲得したいと考えるから、営業パーソンからその顧客を取り上げて、勝手に自ら連絡してしまうことがある。大方の場合、顧客に警戒されてせっかくの芽を摘んでしまう場合が多いという。組織が短期戦で〝顧客を刈りとる〟という志向が強いほど、このような現象が生じる。一方で、より長期戦で顧客との信頼関係を考えるところもある。

「既存委託者開発営業」

①新規委託者引継ぎ

営業パーソンが顧客から商品先物取引の契約意思を引き出した後は、契約に必要な書類を説明し、顧客が商品先物取引の仕組みを充分理解したことを確認した上で、必要事項に記入してもらう。営業パーソンは、集金して初めて営業は終わると、叩き込まれている。クロージングでいつまでも心を熱くしているわけにはいかない。顧客から入金があるまでは絶対に離れない。さてその後、顧客（ここから委託者と呼ばれる）の取引の面倒を見るのは、実はこの営業パーソンではない。「既存委託者開発営業」がここから始まるからである。委託者から見れば不安だろう。ここまで自分に働きかけてくれた営業パーソンが契約した途端にいなくなるからである。したがって、新しく委託者につく者（以下便宜上、開発営業パーソンと言う）の第一の役割は、その委託者に安心感を与えることである。営業パーソンから引き継いだことを直接電話で話すのはもちろんのこと、実際に委託者と会ってこれから自分が担当者となることを告げる。

実はこの際、開発営業パーソンには別の目的がある。それは、委託者の資産状況、運用に関する考え方について、自分の肌感覚で情報を収集することである。随分悪く記述すると、この委託者から結局のところ、これからいくら集金できるだろうか、と窺うのである。

②委託者の開発

開発営業パーソンは委託者を区分管理している。これは筆者の造語だが、〝委託者ポートフォリオ〟を組んでいる。取引の量と頻度で軸を設定する。すでに述べたが、開発営業パーソンの関心は、委託者が得をしようと損をしようと、何が何でも集金することにある。問題はどのように集金するかである。取引の量を拡大していけば、それに比例して差し入れられる委託証拠金も大きくなる。委託証拠金は預かり資産であるから開発営業パーソンの業績が評価される。一方、取引の頻度を増やしていけば、手数料が入る。新規に玉を建てそして建玉を手仕舞う。これが取引の一単位であり、その往復に手数料が発生する。委託者の資産状況、取引実態などをよく観て、この委託者にはもっと相場をはらせるのか、または手数料で稼ぐ対象とするのか、〝委託者ポートフォリオ〟を組み働きかけの内容をコントロールしている。

大方のケースでは委託者に無理をさせなければならない。委託者に、〝もっと儲けよう〟、あるいは〝なんとかこれまでの損失を取り戻そう〟という気にさせ続けることが、開発営業パーソンの真骨頂である。

開発営業パーソンの目が光るのは相場が動いた時である。彼らは口を揃えて言う、相場が動かないと何も始まらないと。とりわけ、相場が逆にふれたときは彼らの腕の見せどころである。難平（「なんぴん」と読む）、両建《りょうだて》、または途転（「どてん」と読む）などのテクニックを使って、委託者を説得し、取引を継続させる。開発営業パーソンは集金できる可能性ありと判断すれば、委託者を直接訪問し状況説明を行う。損を出させても、開発営業パーソンはまったく気にしない。まずは損を出させて申し訳ないと詫びるが、あくまでも狙いはその後の集金にある。相場に通じて、相場の動きに対処できるテクニックを使い、委託者を適切にマネジメントすることが、開発営業パーソンの仕事である。その根底には集金への飽くなき執念がある。それは委託者が短命に終わっては成しえない。したがって理想的には、資産に余裕のある委託者に、相場の妙味を楽しむことを覚えさらにリスクをとってみようとする気にさせることが必要である。そのように委託者を育成・開発するという視点が必要であると考えられている。

③委託者維持

エリアによって委託者のタイプは異なる。首都圏での場合は、委託者は大方雇用者である。ところが郊外の場合は、委託者に自営業者が多くなる。一人の開発営業パーソンがコントロールする委託者数は五〇から六〇名である。その二割少しが常に取引をしている。一方残りの委託者の取引はそう頻繁ではない。中には、長い間一取引を静観している場合もある。この場合、そのような委託者は放っておかれるのかというとそうではない。突然お金が動くときがある、と開発営業パーソンは言う。この動きは自営業者に多い。だから常日頃から、相場情報をＦＡＸで送る、電話で材料を提供するなど、していなければならない。ここでは、こまめな対応が求められる。雇用者の場合は、良い材料があってもそれほど敏感に反応はしないが、自営業者の場合、その時の資金状況により、思わぬ集金に結びつく場合があるからである。

3　優秀な営業パーソンの行動特性と営業力の実践的獲得

石の上にも三年

営業パーソンは各々の営業プロセスにおいて、その業務成果を最大限にするために様々な技能を発揮している。前節では、商品先物取引の営業の特徴を観た上で、営業プロセス毎に、営業パーソンに期待される技能を指摘した。当節の問題意識は、このような期待技能は、わりとはっきりしているのにもかかわらず営業パーソンのパフォーマンスに格差が生じるのはなぜか、ということにある。筆者は、成果をあげる営業パーソンには共通の行動特性があり、結果としての優劣が生じていると推察している。

まず観察してはっきり分かるのは、優秀な営業パーソンは共通してストレス耐性が強いということである。違う表現をすれば、ストレス耐性の強い営業パーソンが生き残るとも言える。少し回り道になるが、営業パーソンが入社してから一人前になるまでの道のりを紹介しよう。

定期学卒の新人営業パーソンは、四月に入社するとすぐに現場に配属されるわけではない。まず教育・訓練が行われる。業績管理の期間区分は四半期（三カ月）が一般的である。決算が三月だとすると、新人営業パーソンは、第Ⅰ四半期（四月〜六月）は使い物にならないと言われる。初めから、三カ月は教育・訓練の時間だと考えられている。この入社当初の教育・訓練には二つの目的がある。一つは、外務員試験に合格させることである。もう一つは、商品先物取引営業の実態、つまり当該商品取引員の組織風土に、できうる限り適合させることである。

商品取引員により異なるが、自前の施設を持ち、一定期間合宿形式でこの教育・訓練を行うところがある。外務員試験に合格させないと営業を行えないので教官にも熱が入る。一定の脱落者は出るが（ただし外務員試験は年に複数回行われるため、今回不合格だったとしてもすぐに受験できる）、集中して学習するので大方は合格する。問題なのは、もう一つの目的とされる組織適合である。「体育会的なノリ」「軍隊方式」「地獄の訓練のよう」などの表現が物語るように教育・訓練はとても厳しく行われる。研修中は、大声を出すことを平気にさせたり、集団生活のルールを守らせたりする。〝営業する心身〟につくり変えようとする。研修終了まで一応履修するが、その後退職を願い出る者もいる。このような第一弾の離脱者の共通した事由は、組織に適合できそうにないというあきらめである。

教育・訓練の最終日は配属式となる。支店は全国にあるので、どこに配属されるかその時告げられる。ここまで三カ月を要する。したがって定期学卒の新人営業パーソンが現場で動き出すのは七月ごろからということになる。それでも現場のマネージャーは言う、第Ⅱ四半期（七月～九月）も新卒は使いものにならないと。一応研修で、商品先物取引に関わる必要最低限の知識の習得、テレコール実習、接客のロールプレイなど行っており、実践でどのようなことを行うのかを理解しているはずである。ところがいざ本番でやらせてみるとまったくできない者が多い。予約などはまったく取れないから（だから接客に外出することもない）、来る日も来る日もテレコールの連続である。そして、そのテレコールでも永遠に断り続けられるのである。しかも相手方に電話を一方的に切られるだけならいざしらず、強烈なことに、罵られ、罵倒され、時にはひどい言葉を吐かれること度々である。そんな会社にいたら貴方の人生が台無しになるから早く辞めるようにと説教されたりすることもあるという。誰もが精神的に相当なストレスを受ける。この時期第二弾の離脱者が大量に出るという。辛抱ができないのである。休み明けに、退職願が提出されることが多いとマネージャーは苦笑いする。

ある意味で、入社後の半年間は、営業の雰囲気に慣れ、きつく断られるのに慣れる期間であると言える。一〇月からの第Ⅲおよび第Ⅳ四半期の半年間で、自力で一件の新規委託者を開拓できたら大したものだと言われる。チーム長の業績は、あくまでチームの業績評価でなされるので、最初は〝つけ商い〟というように、チーム長の手柄は、定期学卒の新人営業パーソンのものにしてくれる。これに新人営業パーソンは甘えてはならない。

石の上にも三年と言う。自力で新規委託者を開拓できる力、最低でも月に数件新規を上げ続けられる力、これがつけば一人前である。やはり三年かかるという。それまでの基本は辛抱だと言われる。新規を上げられないことを〝マルが続く〟と言う。この状態が一定期間継続すると、スランプに落ちた、自分には力がないと営業パーソンは悲観する。ストレスに耐えられず、業績を残せないことに悩む者が出てくる。この事由による離職者が第三弾である。

〝三年の壁〟を打ち破る一途な営業行動を日々続ける営業パーソンが最後には生き残る。彼が優秀であるかどうかは別であるが、まずは一人前としてのスタート地点につかねばならない。「守・破・離」とよく言うが、まず型を覚え、途中であきらめず辛抱し続ける。かならず状況を破るときが来る。自分の持ち味を出し独自の技能を発揮するのはその後からである。これは、多くの芸事に通じるところがある。〝今の若い者は辛抱が足りん〟、これは今風の若者を知らない親父世代の古臭い言葉ではない。真実である。

本当の顧客は誰なのか

成果を上げる営業パーソンに共通する行動特性の二つは、本能的に近い感覚で本当の顧客が誰なのかを知っていることである。筆者は、〝親父《おやじ》殺し〟と名づけているが、五〇代以上の男性にきわめて好かれるタイプの営業パーソンがいる。通常は、顧客との距離を徐々に狭めていくように近寄る営業をするが、この〝親父殺し〟を得意とする営業パーソンは、一気に相手の懐に飛び込む。そこから二人の関係を適切な距離に戻すのである。

接客したら必ず自筆で礼状をしたためる。顧客の趣味などに関心を示し、自分なりに何かしらのうんちくをたれる。このような言動が、この男は愛いヤツだと思わせる。営業パーソンの身体から出る雰囲気みたいなものである。自分はこの顧客に好かれていると営業パーソンが感じると、俄然ファイトが湧いてくると言う。できうる限りその顧客のためになることをしようという心理が働き、顧客にもそれが伝わる。この好循環で成約に結びつくことが多いという。

商品取引員は、顧客の属性により優良顧客という定義を持っている。雇用者であれば、五〇代以上で一部上場企業の部長クラス以上の者（もちろん男性である）、などである。なぜ優良顧客かと言えば、一般に資産に余裕があるからに他ならない。本来、商品先物取引というものは、投資（Investment）ではなく投機（Specurarion）であると言われる。例えば、一〇〇〇万円の資産を持つ者と一〇〇万円しかない者が二人いたとしよう。仮に一〇〇万円相当が必要な商品先物取引を行ったと仮定する。前者は資産の一〇分の一の範囲であり、仮に結果が全損であったとしても損切りできる。だが後者の場合、資産のすべてを失うことになる。同じ一〇〇万円の損であっても、この両者が受ける心理的なダメージは計り知れない格差である。商品先物取引にまつわる様々なトラブルの源はまさしくここにある。資産に余裕がある者が商品先物取引相場の妙味を味わう、これが本来の商品先物取引との関係の持ち方である。ところが、儲けへの欲が出てか、資産いっぱいいっぱいで手を出してしまう。投機だからリスクは高い。資産に余裕のない者はそのリスクに飲み込まれてしまう。差し出す委託証拠金が借金であったりする。こうなればトラブル発生間違いなしである。

したがって、商品取引員から見ると、資産に余裕がある者が優良顧客である。三〇代や、ましてや二〇代は、本来の顧客ではないという考え方がある。けれども、この年代層は未経験者が多く、投資判断力も低い。儲けるという魅惑に惑わされやすい。目先の新規獲得に走る営業パーソンがいる。どの年代であっても新規委託者一件であることに変わりがないという理屈である。未熟な営業パーソンほどこの傾向にある。だが健全な組織はこれを許容できない（逆に推進する悪質な組織もあるが）。将来の先細りとトラブルの抱え込みを意味するからである。様々なインセンティブを使って、営業パーソンが優良顧客を獲得するように方向づける。例えば、仮に一〇〇万円の建玉があったとすると、業績評価の算定基礎として、この顧客が三〇代なら八〇万円、優良顧客なら一二〇万円と見なすというようにである。

さて、話を戻すが、〝親父殺し〟で一度良い関係をつくってしまえば、その後の営業が随分楽になるという。顧客は資産に余裕があるので、二〇代や三〇代の層の顧客と比べると、短期的な損得に対してそう大きく心が乱れたりはしない。営業パーソンは、この顧客と波動を合わし続けることに集中し、着実に自分を売り込み、魂をギュッと込めてクロージングすればよいのである。

加えて営業パーソンは、優良顧客からは多くを学べると共通して指摘する。それは、人のライフサイクルにおける資産の実態というものである。資産のつくり方、資産の運用の仕方、資産を減らすリスクからの守り方、これらはまず資産を持つに相応しい社会的な一定のステータスにある者が持つ問題意識である。営業パーソンは、営業のプロセスのいたるところにおいて顧客のこのような問題意識に直面する。余談だが、商品先物取引員のトップマネジメントは、営業パーソンにファイナンシャルプランナーの資格を取得するように日ごろから強調している。これは、登録外務員資格のように資格それ自体の保持が目的ではない。優良顧客の問題意識に少しで適切に応対して欲しい、そのような思いからのものである。優秀な営業パーソンは、その必要性を上司・先輩に指摘される前に現場ですでに肌感覚でつかんでいる。優良顧客を多く接客することが、絶好の学習の場を提供する。

深い内省は明日の営業の原動力

最後の営業パーソンに共通する行動特性は、内省する力がきわめて強いということである。行動と内省が必ずセットになっている。行動のやりっ放しもないし、考えすぎて何も行動できないこともない。行動と内省、この双方にとてもバランスが取れている。

営業パーソンの一日は長い。新人なら七時すぎには出勤している。彼らの朝の行動は、一言で述べると気合い入れである。この段階で何かを考えるということはしない。すでに本日の作戦は立っているのであり、朝礼の機能はそれを確認することである。その後、いざ出陣だ！　と勢いよく事務所を飛び出していく。

問題は、日中の戦いを終えて帰社した後の活動にある。平凡な営業パーソンは、当然のことだが疲れている。本音は早く帰りたいのである。ところが営業所には〝空気〟というものがある。その営業所の業績が悪い場合、ましてや自分の成果が上がっていない場合などでは、早く帰りたくても帰れない。必然的に長時間労働になる。疲労が溜まる。生産的なことを何もしていない自分がもどかしい。夜の九時、一〇時ともなれば、電話したってお客さんも帰っているさ、とぶつくさぼやいている。では優秀な営業パーソンは、業績を上げているから早く帰っているかというとそうでもない。彼らも同じようにかなり遅い時間まで居残っている。

では彼らは何をしているのか。内省が中心である。今日一日起こったことを深く思い出している。自分の部下となるチームのメンバーに、今日の営業の一部始終を語らせるミーティングを毎日行っているチーム長がいる。筆者は、あるチーム長（彼は、新規委託者開拓実績では一番の成績を残している営業パーソンである）に、そのミーティングでは何を目的としているのかと尋ねた。彼は、メンバーに各自の営業行動のすべてを語らせ、うまくいったところ、失敗したところ、そして失敗の原因となってことなどを自分で語る中で気づかせることです、と述べた。彼は同じことを自分自身にも内省しながらやっているとつけ加えた。

深い内省は明日の営業の原動力である。過去に時間を戻し、自分と、そして部下の行動の展開をもう一度洗い出してみる。なぜあの時、あのような行動を取ったのか。その行動に至った状況判断を鮮明にすることが重要である。ミーティングで話させてみるとよく分かるのです、結局のところ状況理解が適切でないのです、と彼は指摘した。適切な行動は適切な状況理解から生じる。一緒に同行して部下の行動を観察してみると、何を部下は状況誤認しているかがよく分かるという。その状況理解を正すことが本質的なＯＪＴであると考えている。

自らも深く内省する。過去に視点を戻し自分の行動をシミュレートするという。もしあの時違う行動を取っていたらどんな展開になっていたか。顧客はどう反応したか。この内省が擬似状況対応のバリエーションを増やす。

営業力の実践的獲得

成果に結びつく技能や行動を、実際に営業パーソンに習得させ実践させるにはどうすればよいのであろうか。実はこの解答はそう簡単ではない。すべては日々の地道な努力であると思う。だが工夫はある。ではどのような工夫に私たちはエネルギーを注げばよいだろうか。

〝営業する心身〟の形成、これなくして営業力の実践的獲得はありえない。半人前と一人前、これは何が違うのか。筆者は、〝営業する心身〟を形成しているかどうかであると考える。就いた職種は営業、私は誰かと問われれば営業パーソンとは答える。だが実態は、未だ営業する心と体になっていない。入社三年未満の人材のほとんどがこの半人前の営業パーソンである。

商品先物取引の営業は断りの連続である。来る日も来る日もこれに対応していかなければならない。辛抱し日常の営業活動を継続していく必要がある。いつしか気力が続かなくなると間違いなく退職の道に至る。組織はそれを半ば仕方がないものだとあきらめる。だが問題はそこにある。あきらめてはいけないのだ。一人前になるまでは、どの世界であっても修行であると考えるべきである。きつく苦しい日々である。この期間に辛抱しきれずあきらめることは職業人として恥であると悟れと主張したい。組織のトップ、部門のリーダー、教育・研修担当は、同じように来る日も来る日もこのメッセージを発信し、営業パーソンを動機づけ続けなければならない。

営業とは、商品・サービスを売るという行為である。営業職に就いた以上、この営業力を身につけようではないか。商品・サービスは何でも構わない。大切なのは、営業力を修得することである。「商品先物取引の営業なんていつでも辞めたらいいのだよ、営業力さえ身につけていれば他のどんな商品・サービスでも売れるに決まっている。だが、まだ半人前の段階でこの仕事を辞めるのなら、それは自分で恥だと思った方がいい。違う会社に行っても、その業界の営業にまた行き詰まるし、他職種でだって勝負できないさ」。筆者がこのように語りかけたら、営業パーソンの目が輝いていた。この会社に縁あって入ったのだから、とにかく三年間辛抱してみろ、新人営業パーソンにはとにかくこう言い続けたい。

第3章

普通の人が成功するための生命保険営業
——損害保険代理店における生命保険販売の成功事例

「特別な能力がなくてもやり方しだいでは誰でも成功できるはずだ」この一年間私たちが常に意識してきた言葉である。

縁あって、ある損害保険の代理店に二〇〇〇年の八月より筆者が参画することになった。営業のテーマとして最重要視したのは生命保険の販売である。それまでにも月に二、三件程度は販売していたのだが、このままでは今後の自由化競争を生き残れるかどうかという不安もあり、思い切って高い目標を設定し、今までと違う営業スタイルの確立を目指した。

その結果、九月から三月の七カ月でトータル約一一〇件の個人保険を販売することができ、東京海上あんしん生命保険において最優績代理店に入賞することができた。正直言うと数字的にはまだまだ不満であり、今後はこの二倍、三倍を安定して販売し続けることができるような仕組みを構築していきたいと考えている。私たちは特別な能力やすぐれた過去の実績があったわけではない。多分、ごく普通の一般的な保険代理店だと思っている。それがなぜ短期間である程度の実績が残せたのか。以下、具体的にどのような事を考え実行しているかを述べてみたい。

1　新しい保険営業への取組み

変化する保険営業

保険は一般に生命保険（以下生保）、損害保険（以下損保）の二つに分けられる。それを販売する営業も、生保営業、損保営業とにはっきりと区分けされ、なぜか業界内ではお互いに相反する存在として、独自の世界を築いてきた。戦後から一貫して生保が生保レディー中心、損保が代理店中心に実績をのばしてきたこともその大きな原因だろう。

しかし、ここ数年の金融自由化によりその流れが大きく変わってきている。生保では外資系保険会社を中心に男性の専属営業パーソンを採用し、攻勢をかけてきている。また、損保代理店も生保を併売して扱うようになり、損保しか扱わない代理店は保険会社からもあまり重要視されなくなってきている。

その一方では、最盛期には四五万人と言われた生保レディーは年々減り、今では三〇万人程度になっている。かたや、損保代理店も現在約五七万店あるが、比較的小規模で兼業のところが多く、今後生き残れるのはそのうちの二割程度と言われている。

今まで、保険会社の販売戦略は比較的単純だった。販売拠点の拡大と売上の伸びが正比例していた時代が長らく続いたため、生保、損保とも「質より量」で、いかに生保レディーや代理店を増やすかが最大のテーマだったのである。

しかし、バブル崩壊後は、業界として低成長どころかマイナス成長に陥り、今までの拡大主義の問題点が一挙に噴き出してきた。その結果各社とも声を揃えて言い始めたのは「量より質」「提案営業の推進」などである。これにより、保険営業は質的に大きな変化が訪れることになった。過去の常識が、通用しなくなってきたのである。その中でも、一番大きな変化は、生損保の相互乗り入れだろう。これにより、一人の営業パーソンが生保と損保の両方を扱うのが当たり前になってきたのである

よく考えると、生保、損保の違いというのは単に売り手の都合で分けただけであり、契約者から見れば別に営業パーソンを分ける必要はない。保険の相談をした時に、「それは損害保険（生命保険）なので、私は扱っていません」という営業パーソンか、「私はあらゆるリスクに対応させて頂きます」という営業パーソンのどちらが契約者から選ばれるかは明らかだろう。

契約者にとって身近な存在でありながら特殊なビジネス

わが国では生命保険の加入率は九〇％を超え、しかも、そのほとんどの人が生保レディーを中心とする営業パーソンから加入している。しかしながら、生命保険というものは加入しても、車や電気製品のように自分の意思で使えるわけではない。あくまでも、保険事故が発生して初めて使うことができるのである。また、加入してすぐに保険を使うことが分かっていたら保険にならないので、保険加入時には健康状態の診査があり、この診査をクリアしないと生命保険には加入できないのである。いざ病気にな

ってから保険加入や保険の見直しを考える人もいるが、残念ながらすでに手遅れということもよくある。すなわち、「今」の必要性を感じている人は保険会社が断り、「将来」の必要性を感じている人だけが保険加入の見込み客となる。このあたりが生命保険が他の商品と根本的に違っているところだ。しかし高額な保険料を支払うにもかかわらず「将来」について真剣に考えている人は意外と少ない。例えば、顧客に「カケステの保険は好きですか」と質問すると、たいていの人は「好きではない」と答える。しかし、よく考えてみると、保険に加入した後その保険期間が終了するまで無事に生き続け、結果として支払った保険料が無駄になって、初めてカケステになるのである。もし、保険期間中に死亡すれば保険金が支払われる訳だからカケステにならず、「保険に加入していてよかった」ということになる。

すなわち、カケステとは結果であり、保険加入時からその保険がカケステになるかどうかは誰も分からない。このへんのことを契約者にきちんと説明せずに、「万が一の時のために保険は必要なものだから、加入しておきましょう」と安易に保険を売る営業パーソンがあまりに多いのではないだろうか。また、コンサルティング営業を売りにしている外資系やカタカナ生保の中にも顧客の本来のニーズを無視して「カケステは損ですよ」というトークだけで、積立型の商品ばかりを販売している営業パーソンもいる。

せっかく生命保険に加入していても、その保険の内容が顧客のニーズを正確に捉えていないことも多く、顧客もそれに気づかず保険料を支払い続けている場合もある。生命保険営業の大きなポイントは顧客の本当のニーズを正確に引き出し、そのことを顧客自身に気づいてもらうことである。それゆえ、営業の仕方も、一般の営業とは違った手法や、資質が求められるのである。

普通の人ができる新しい営業システム

保険の営業は大きく三つのプロセスに分けることができる。

①最初に保険契約にいたるまでの営業
②契約後の様々なフォロー活動（定期訪問、状況の変化への対応）
③保険金支払い時および支払い後のフォロー

すなわち、見込み客の発見から、アプローチ、申し込み、さらには加入後の様々なフォローまでを営業パーソン一人が担当する。これは新人でもベテランでも基本的には同じだ。

また、保険会社が行う営業研修は、どの会社でもそう大きくは変わらない。まず商品知識や、事務手続きなどを学び、そのあと基本的な販売手法を学ぶ。しかし、通り一遍の研修を受けただけで簡単に売れるはずはなく、実際の営業技術は日々のセールス活動をする中で徐々に身につけていくのである。また、優秀な営業パーソンのノウハウを他の営業パーソンにも学ばせようと、講演会や研修会などにも力を入れているが、実際のところ優秀な営業パーソンほど自分の本当のノウハウをオープンにしたがらないという傾向がある。そのため、優績者（優秀成績者）の話を聞いても「いい話だったが、あれはあの人だからできることだ」ということで終わってしまい、なかなか自分自身に置き換え、行動に移すというところまで至らない。その結果、「生命保険はできる人はたくさん売れるが、できない人はまったく売れない大変厳しい世界」というのが常識になっている。

これは本当にそうなのか。もちろん、個人の資質や努力で差がつくのは当たり前だが、それよりも今までの営業システムに問題はないのだろうか。そのような疑問を持った私たちが取り組んでいるのは、一部のトップセールスだけではなく、いわゆる「普通の人」が生命保険営業で成功するための手法であり、そのノウハウを標準化し、新しい形の保険営業のスタイルをつくりあげることである。

2　生命保険営業の現状

ごく一部のトップセールスしか生き残れない

個人代理店のみならず、生保営業パーソンも基本的に個人事業主である。そのため、仕事の範囲は多岐にわたる。見込み客の発見から、新契約の獲得はもちろんのこと、過去に契約した人（以下既契約者）への様々なフォロー活動もこなしながら、ＤＭ、礼状などの販促活動、さらには経費管理、確定申告まで自分で行う必要がある。

しかし生保の営業パーソンの収入は新規契約によって得られる歩合制の手数料がそのほとんどを占めているため、新たな契約を獲得し続けないと収入はだんだん減っていくのである。最初のころは今までの人脈が見込み客になるため、ある程度販売することもできるが、そういつまでも人脈が続くわけはない。そのうちに売れなくなって、仕事をやめざるをえなくなるというのが、退職していく営業パーソンの典型的なパターンである。これは、日本の生保でも外資系でもそう大差はない。ちなみに生保の営業パーソンはどのくらいの新契約を販売するのだろうか。一般的な日本の生保で毎月二、三件、生産性の高いと言われる外資系・カタカナ生保でも毎月六〜八件位である。これを販売し続けるのがいかに困難であるかは営業パーソンの定着率の悪さをみればよく分かる。

入社二年後の営業パーソンの残存率は日本の生保で約二〇％、中途採用の男性を中心とする外資系・カタカナ生保といえども約八〇％くらいである。入社一〇年後の残存率となると日本の生保で一〇％、外資系・カタカナ生保でも二〇〜三〇％くらいではないだろうか。保険に加入する時たいていの人は、「どこの保険会社に入るか」よりも「誰から入るか」を重視するように、営業パーソンの存在は保険加入の重要なファクターである。にもかかわらず、肝心の営業パーソンの勤続年数はきわめて短く、残念ながらごく一部のトップセールス以外は遅かれ早かれやめてしまうのが一般的である。

では、営業パーソンがやめた後の契約はどうなるのか。会社によって対応は様々だが基本的には契約自体は会社に残るので、会社が指定した新しい営業パーソンが担当することになる。つまり、営業パーソンからするといくら既契約者がたくさんいても、会社をやめたとたんに今までの契約はすべてなくなる。「保険を契約したとたんに担当がやめてしまった」という契約者の不満がよくあるように、営業パーソンへの期待は、保険加入時の営業だけではなく、契約後の様々なフォローも含まれている。しかしながら、そのフォローを、一〇年、二〇年と、つきつめれば最終的に死亡保険金が支払われる時まで、加入時と同じ営業パーソンが担当することはきわめてまれなのである。このあたりが契約者にとって生保に対する不信感が強い原因の一つだろう。
しかし、ここのところを解決することができるならば契約者からの信頼はかなり強くなるのではないだろうか。

代理店の重要性

このような保険営業の現状の中で、最近になって、急激に増えているのは保険会社から独立した専業代理店である。実際、アメリカでは保険会社に属する専属の営業パーソン（専属エージェント）は年々減少し、その一方では保険会社から独立して多人数で組織的に業務を行う代理店（独立エージェント）の占める割合が増えている。

今までの保険営業は保険を「売る」ことと契約を「管理」することが仕事のほとんどを占めていた。しかし今後は「売る」から「提案する」「相談にのる」へ、「管理する」から「質の高いサービスを提供する」への変化がますます求められてくる。すなわち、保険ビジネス自体が今までの保険会社中心から、契約者中心に展開されていくことに間違いはないだろう。契約者に対して、保険加入時から支払いまでの長い期間を安定してフォローできる体制をつくるには、保険会社に所属している営業パーソンや、個人で営業している代理店では様々な点で限界がある。やはり多人数で組織化されたプロ代理店がベストだろう。その際、契約者の接点となる代理店の役割も現在とまったく変わったものになっていくかもしれない。

筆者も元々はある外資系生保の営業パーソンだったのだが、既存の営業システムの中での限界を感じ、もっと安定して営業ができる方法、より契約者からの信頼が強くなる方法がないかと考えた結果行き着いたのが、意欲のある損害保険の代理店とジョイントして、今までと違った方法で既存の損保契約者に生命保険を提案していく営業システムである。その最大のテーマは、「普通の人ができる生命保険営業」で、私たちはこれを「二一世紀型代理店」と位置づけている。

残念なことに、日本では生保を中心に活動している専業の保険代理店は企業や富裕層をターゲットにしているところが多く、普通の一般家庭をターゲットとして組織的に活動しているところはあまりない。また、組織化している代理店といえども実体は個人事業主の集合体というところが多く、組織力をうまく活かして営業を行っているケースは意外と少ない。反対に損保の代理店は主に個人契約を中心に活動しており、また、損保という入りやすさもあってか、保有契約が一〇〇〇件以上ある代理店も多い。生保契約だけではなかなか考えられない数字である。

損保代理店で生保販売をする上での問題点

よく営業の現場から出る声に「生保と損保では文化が違う」というのがある。これは具体的にはどういうことだろうか。一つには損保はニーズ顕在型（自動車保険や火災保険のように契約者が保険の必要性を自覚している）、生保はニーズ潜在型（死亡保障のように契約者が保険の必要性をあまり自覚していない）と言われていることもあるだろうが、それだけで片づけてしまうのは少し乱暴な気がする。実際、損保の中にも賠償責任保険のようにニーズがあまり顕在化していない商品もあるし、生保でも、医療保険やがん保険などはニーズが比較的顕在化している。では、何が問題なのだろう。一つには商品決定における家庭内でのキーマンの違いがあるのではないだろうか。

例えば損保、特に自動車保険の場合だと、運転するのは夫である男性の場合が圧倒的に多い。ようするに、保険事故が起こって困るのは「自分」だから、契約者も自分のこととして真剣に考える。他方、生保であれば、契約者である自分が死亡すると、経済的に困るのは「残された家族」なので、保険が必要なのは妻であり子供である。そのため、世帯主である夫に対して営業をしていてもどこかピントがずれていることが多く、本質的な保障の話よりGNP（義理・人情・プレゼント）が契約決定のポイントになる場合がある。逆に妻に対して保険の話をした場合、本来の保障の話をするだけで契約が決まる場合が多い。

そのため、損保代理店が既契約者に損保のついでに生保を売ろうとしても「生保はかんべんしてよ」という反論にあい、あっさり引き下がることが多いのだが、基本的に話をする相手を間違えているのではないだろうか。また、当たり前のことだが長年関わってきた損保に比べると生保の知識は圧倒的に少ない。そのため、損保知識が豊富な営業パーソンほど、中途半端な知識しかない生保の話をしたがらない傾向がある。逆に最初から生損保を併売をしている営業パーソンはあまり抵抗がなくどちらからでも話をすることができる。

また、よく聞かれる話に「生保に取り組みたいのはやまやまだが、損保が忙しくてその時間がない」

というのがある。確かにそうかもしれないが、新しいことに取り組むには多少のリスクは避けられない。真剣に生保営業に取り組もうとするなら、その分損保にかける時間が割かれるのは当然だ。このリスクをとってでも「生保を売る」ことへの決断ができていないため、生保販売がうまくいっていない代理店が大多数なのである。

3 代理店での具体的取組み事例

目的の共有化による意識改革

生命保険営業に人気がない大きな理由はその不安定さである。私たちが目指したのは、一部のトップセールスだけが成功するのではなく、ある程度の努力と、能力があれば誰もが長く続けることができる仕組みをつくることである。

そのために、先ず最初に取り組んだのは仕事の目的と役割を明確にすることだった。「何のために生命保険を扱うのか。この仕事をすることによって何を目指すのか」を徹底的に話しあう事にした。

「今後は生保も販売していかないと、保険会社から切り捨てられるかもしれない」という不安から生命保険に取り組んでいる代理店もあるが、このような及び腰で生保販売がうまくいくはずがない。やはり、「契約者のあらゆるリスク」を真正面から捉え、その解決策として生命保険を提案するという考えがないと契約者からも支持されないだろう。よく、損保契約者に対して、どのくらいの割合で生保を販売できるかということが話題になるが、現状ではほとんどの代理店が数%程度であり、かなり順調に生保を販売しているところでもせいぜい二〇%くらいだろう。しかし、私たちの目標はあくまで、既契約者全員に生保を販売することである。

生保の契約を頂くというのはその契約者の命を預かるわけであり、その家庭の根幹を押さえることにもなる。実際、生保の契約を頂いている契約者とは損保契約だけの時よりもはるかに信頼関係が強くなっている。すなわち生保・損保トータルにまかせてもらうことによって、初めて契約者にとって必要不可欠な代理店になれるのである。

もちろん経営面から見ても、損保だけよりも生保を扱うことにより客単価が上がり、より安定的な経営ができるというのも大きなポイントである。生保を本格展開するまでの私たちの手数料ベースのシェアは生保二、損保八くらいだったが、将来的には生保八、損保二くらいを目標にしている。

実際、このくらい思い切った目標を立てないと、なかなか新しい行動には移せない。そのための、基本的な販売の手法として取り入れることにしたのは外資系生保で行っている「ニードセールス方式」である。これは、定型のパッケージ商品ではなく、顧客の生活や考え方に合わせてオーダーメイドで保険を設計し、提案していく方法だ。さらに、「売れば売るほど稼げる」ではなく、「チームとして勝つために自分は何ができるか」に焦点を当て、自分自身の長所、すなわち得意技をうまく活かせる仕組みをつくることにした。

今までの営業スタイルの問題点の明確化

実際の行動としてまず最初に始めたのは既契約者への訪問である。損保の契約者のところへ、損保担当者と生保担当者である筆者が一緒に訪問することにした。基本的には損保の満期更改の手続きにあわせて訪問したのだが、早くも問題が出てきた。こちらとしては、生保の話を聞いてもらえる場をつくりたいのだが、契約者にしてみれば今日は損保の更改手続きだけと思っているので、基本的に生保の話を聞く態勢になっていない。また、損保の商品内容の説明と、申込書の記入などの手続きに時間がかかるため、なかなか生保の話をきりだすきっかけがつくれないまま帰ることが何回か続いた。この時、「これはやり方を根本的に変えないと、とてもじゃないがうまくいかないな」という思いを強く感じた。

今までの営業スタイルは、主に「商品セールス」だった。すなわち、自動車保険や火災保険など比較的ニーズが顕在化された商品を単品で提案し、契約してもらうのである。そのため、よほど信頼されている契約者以外には生保は販売できていなかった。私たちが取り組もうとしている「ニードセールス」とは、契約者のニーズを探り出し、そのニーズに合わせた保険を提案していくという方法だ。そのためには、契約者にも、今までとは違った意識を持ってもらわなければいけない。

そこで、損保の満期更改時には生保の話をせずに、日を改めて、生保の話を聞いてもらう約束だけを取ることにした。「生命保険に入ってくれというのではありません。一度、話をきいてお役に立つかどうかのご判断だけしてください」という話をすれば、「損保」というところで信頼して頂いている既契約者にはかなりの確率でアポイントを取ることができた。また、実際に成果が出始め自信がついてくると、今まで比較的つながりの薄かった既契約者へも自然と「生保のはなしのアポイント」が取れるようになってきた。

損保は基本的に一年満期である。そのため一度契約すると、毎年手数料が安定して発生する。しかし、契約者が増えれば、毎月の集金、書類の手続きなどの作業もそれに比例して増えてくるので、代理店からすると手数料とはこの作業に対する対価だと考えてしまいがちになる。一〇〇軒飛び込み訪問して、一件の新規契約を獲得するのも、その契約が翌年満期がきて更改するのも、手数料は基本的に同じため、ベテランになって保有契約数が増えるほど満期更改が中心になり、新しい契約がなかなか増えない。特に、一人で営業している代理店はその傾向が強い。保険会社が抱える問題点としても、現状の売上で満足してしまい努力して売上を伸ばそうとしない代理店が多いことがあげられている。

今回、本格的に生保に取り組むことによって、メンバーの仕事に対する意欲も高まり、その結果、今までの損保営業も効率化していった。と言うよりは、生保に時間をかけるために損保の活動量を減らさざるをえなかったのだが、不思議なことに損保の売上も前より順調に伸びていったのである。

長所を伸ばすためのトレーニング

通常、営業のトレーニングとしてよく使われる手法はロールプレイである。今では、メンバー全員このロールプレイを習慣的に行っているのだが、最初はこれを嫌がっていた。「面倒くさい」「自分は十分できている」という認識が強く、こちらがやろうといってもなかなか乗ってこない。というのも、一般的にロールプレイは新人のためのトレーニングという位置づけがされているからである。そこで、私たちは一つの定義づけを行うことにした。

営業パーソンは「役者」であり顧客は「観客」である。また商談は「舞台」であり、満足度は「保険料」、そしてロールプレイなどのトレーニングは「稽古」と位置づけた（図3-1）。筆者は営業は落語に似ていると思っている。落語は観る方の観客も、筋書きを知っていて、基本的に毎回同じ内容である。しかしながら、同じ題目でも名人が演じる面白いものは「また、ぜひ聴きたい」と思うし、若手の新人が演じる面白くないものは「もう、けっこう」ということがよくある。これはなぜか。一言で言えば「技」が違うのである。その技は日々の稽古から長い年月をかけて身につけたもので、決して素質だけでは身につかない。よく、できる営業パーソンに売れるコツはなにかときくと「特別なことは何もしていない。いつも同じことをしているだけです」という回答がくるが、これが営業の真髄だろう。すなわち誰であろうと普段通り話せば自分のペースに引き込むことができ、結果的に顧客も満足するのである。逆に売れない営業パーソンほど、「練習と実戦は違うからロールプレイをしても意味がない」という傾向が強く、顧客によって話の内容を勝手に変えたり、毎回話す内容が異なり、結果的に顧客のペースに巻き込まれてしまい契約まで

図3-1　営業の行動理念

営業パーソン	⇨	役　者
顧　客	⇨	観　客
商　談	⇨	舞　台
保険料	⇨	満足度
トレーニング	⇨	稽　古

到らない。顧客に合わすということと顧客に巻き込まれるということはまったく違うのである。

そのため、私たちの行っているトレーニングは短所を直すためではなく、長所を伸ばすことに焦点を当てている。できないことは無理にやらない。その代わり、できることに対してはさらに実力と自信をつけ、チームとして絶対的に必要な戦力として、その部分について責任を持たせることにした。

短所には目をつぶり長所を伸ばすことだけを意識した結果面白いことが起こってきた。今までいくら周りが注意しても直らなかったことを本人が自発的に直すようになってきたのである。すなわち、長所がさらに伸びて、自分の営業スタイルに自信がつくことにより、今まで短所であったことが本人にとって邪魔になってきたのである

また、営業トークを統一するためオリジナルのアプローチツールを作成した。一種の紙芝居のようなものだが、このツールを使うことにより話が横にぶれにくくなり、順調に契約が決まりだしてきた。このアプローチツールの目的は保険の販売ではなく、あくまで保険に関心を持ってもらうことにある。そのためかこのアプローチツールは顧客からも大変好評で、「ぜひ、この話をあの人にも聴かせてあげてほしい」という紹介も出るようになってきた。

成功した時のミーティング

もう一つ、重要なポイントにしているのはミーティングである。通常、営業パーソンはミーティングをあまり好まないものだが、私たちは場合によっては営業よりも優先してミーティングを行った。特に、

成功した時には重点的に行うことにした。

保険営業の場合、プロセスよりも最終的に契約ができるかどうかが最大のテーマになっていて、うまく契約できた場合、周囲もその内容やプロセスについてはあまり言及しようとせず「おめでとう、よかったね」で終わりがちである。すなわち結果オーライがまかり通る世界なのである。その反面、売れなくなってくると急にミーティングを始め、あれをしろ、これをしろ、もっと頑張れと言い出す。聞いている営業パーソンにとっては、売れていないのだから何を言われてもじっと耐えるしかなく、「これから頑張ります」と適当にごまかして早く終わらそうとする。双方にとってほとんど意味のないミーティングがよく行われている。

私たちはその逆を行うようにした。調子の悪い時にはあえてミーティングをせず、調子のいい時、すなわちうまく契約することができた時こそ時間をかけて、しっかりとミーティングを行うことにしたのである。

また、実際のセールスは主に二人一組で行うようにしているので、一人は契約者に話すことに集中し、もう一人は契約者と営業パーソンの両方を観察しながら、話がおかしくなったり、横にずれてきているようなら横からアドバイスを送るようにしている。これによって、ミスが減少し、さらに、契約者のニーズをより正確に捉えることが可能になった。そして、商談の後はあまり時間をおかずに、あれで本当によかったのか、こうすべきではなかったか、もっと他にいい方法はないか、等々を話し合う習慣づけを行った。うまくいっている時には、誰しも気分がいいし、多弁になる。また、人の話を素直に聞き、前向きな意見も出やすくなる。その結果、営業のスキルも飛躍的に向上していき、業績も順調に伸びていった。

個人プレーからチームプレーへの構造改革

話は多少変わるが、野球を例に取ってみよう。投手は昔は先発完投型が当たり前だったため、肩やヒジを壊すまで体を酷使し、実力がありながら短命に終わった投手もたくさんいた。しかし、今の投手は先発、中継ぎ、抑えと分業するのが当たり前になり、その投手の特性を生かした起用がされている。そのため、スタミナ不足でいつも中盤以降にノックアウトされてしまう投手でも、短いイニングの中継ぎに回ると大活躍する例も数多くある。これからの生保営業も同じことが言えるのではないだろうか。

「見込み客を発見する営業」と、「顧客に会ってセールスをする営業」、「契約後のサポートをする営業」という風に、営業をいくつかのプロセスに分解し、各自の得意な分野を契約者に合わせて担当することにした（もちろん、最初から最後まで、一人が担当した方がいいと判断した時はそうした）。そして「私の契約者」というより「チームの契約者」という意識を持つようにしたのである。

この三つの営業の中で生保営業パーソンが最も苦労しているのはどれだろうか。新人のときは友人、知人が主なマーケットになるため、話を聞いてくれる人を捜すにはさほど苦労しないが、販売スキルがないため、いくら話をしてもなかなか契約まで至らない。すなわち「顧客に会ってセールスする営業」に苦労する。それが、ベテランになればなるほど販売スキルは向上するため「顧客に会ってセールスする営業」は比較的うまくいくようになるのだが、肝心の「見込み客を発見する営業」に苦労することが多い。私がいた外資系生保でも、最初の数年は順調に保険が売れるものの、その後だんだんと売れなくなる人が意外と多くいたが、その理由のほとんどは、「見込み客を発見する営業」が継続的にできていないからである。

見込み客を発見し続けるシステム

そもそも見込み客とはなんだろうか。実はこの見込み客の定義を明確にした上で行動している営業パーソンは意外と少ない。私たちにとっての「見込み客」の定義とは、「生命保険の加入を考えている人」ではなく、「生命保険の話を聞いてくれる人」なのである。

生保営業をする上での最大のテーマはこの見込み客の発見である。生保営業で成功するには見込み客が絶えないシステムをつくり出すしかない。では具体的にはどうすればいいのか、最も効果的な方法として、私たちは損保をうまく活用することからはじめた。

損保の場合、基本的にニーズが顕在化しているし、保険料も比較的安いため、契約までのハードルが低い。通常、車を購入すれば、自動車の任意保険は必要と感じるだろうし、家を購入した場合も火災保険は必要だと思うだろう。また、損保代理店の場合、こちらからアプローチをかけなくても顧客の方から保険の相談に来ることがよくある。そのため、顧客の要望（主に価格）に合わせたプランを提案し、その商品説明をして契約する。もちろんそれで別に悪くはないのだが、これだけでは、簡単に生保セールスには結びつかない。生保に対する関心を持ってもらうには、この損保営業に外資生保の「ニードセールス」を導入するのが効果的である。

例えば年払い一万円の火災保険があったとする。この位の保険の場合、通常、ほとんど説明を受けずに契約してしまうことが多いが、ここで「何のために保険が必要なのですか?」「内容はちゃんと理解されていますか?」「これで本当に安心ですか?」などの質問をすることにより、契約者のニーズを喚起していく。契約者にしてみれば、わずかな保険料の保険でも実際には内容やその保険の使い方をあまり分かっていないことに気づくことになる。ましてや生命保険の場合その何倍、何十倍もの保険料を支払っている。この事実を契約者にまず認識してもらうことにより、生保営業は格段にやりやすくなる。最初から、生保営業をしようとするとなかなか話を聞いてもらえないが、損保の話なら、あまり抵抗なく入っていくことができる。これにより、見込み客を格段に増やすことができた。

4 販売代理店から購買代理店への変革

保険ではなく、保険を買うためのサポートを売る

生保の営業を行うためには、見込み客が生命保険に関心を持ってもらわなければ話にならない。そのためには、自分の加入している保険とその内容の不満を引き出すところから始めるのが効果的である。これをせずに営業を進めていくと、結果的に商品セールスに走ることになり、最後には「考えておきます」「また、次の機会に」という反対トークにあい、契約まで到らないことが多い。

しかし、何か起こって実際に困るのは契約者やその家族である。だから、本来は保険というものは、代理店が「売る」のではなく、契約者が「買う」ものなのである。その時の代理店の役割は契約者が保険を買うためのサポートであり契約者の購買の代理である。今までの代理店が販売代理店だとすると、これから必要とされてくるのはいわば「購買代理店」と言うべきものではないだろうか。もちろん、まだまだそれを完璧にできているわけではないが、この意識を持って契約者に接していかなければ、いつまでたっても今までの「保険屋」のイメージからは脱却できない。

最終的にはすべての顧客が、自ら自分の保険を設計して、自分に合った保険を買うことができれば最高だと思う。実際に、私たちの契約者の中にも自分で設計書を書いて、自分でコンピュータを使って保険料計算をしながら、自分で保険を設計する人もいる。私たちはプロとしてその内容に問題がないかをアドバイスし、アフターフォローの打ち合わせをした上で、納得して契約して頂いている。

仕事として人気の出る保険営業への課題

筆者が保険の営業を始めて約七年がたつ。その間、他の人から「保険の営業は大変でしょう」という声は数多くかけられたが、「保険ですか、いい仕事ですね。私も一度やってみたいです」という声は一度として掛けられたことがない。これは、「厳しい」「きつい」「不安定」という今までの保険営業のマイナスイメージがあまりにも強すぎ、保険営業の本来のやりがいや、社会的意義が見えなくなっているからだろう。別に、人にうらやましがられる仕事とは思っていないが、「いつまでもこのままでいいのか」という思いは以前から強く持っている。私たちが「普通の人ができる保険営業」を目指しているのもここが原点になっている。一部のトップセールスだけが成功し、その他大勢が脱落していく仕事ではいつまでたっても、職業として人気が出るはずがない。

ある程度の素質と努力があれば、過去の営業経験がなくても仕事として長く続けることができるシステムが確立されて初めて、「特殊な仕事」から「職業として魅力ある仕事」に変わることができるのではないだろうか。それによって初めて本当の意味で社会的にも認知されるのだと思う。

今まで、様々な諸先輩方がこの問題に取り組んできたが、なかなか市場の意識を変えるまでには到っていない。私たちの力はまだまだ微力ではあるが、これからも様々なことを試行錯誤しつつ、同じ思いをもつ仲間や他の代理店と力を合わせながら、一歩ずつ進んでいきたいと考えている。

第4章

インポート・ブランド企業の営業
――伝統的卸売業から外資系企業への変革過程で

1 はじめに

ラグジュアリー・インポート・ブランドと言えば、ファッション界をリードし、世界の有名な目抜き通りに店舗を構え、グローバルに展開されている海外ブランドを指す。グッチやシャネル、ルイ・ヴィトンといえばすぐにイメージできるであろう。

これらラグジュアリー・インポート・ブランド（以下インポート・ブランド）の全世界における売上は、およそ六〇％は日本人顧客によって占められていると言われている。ブランド・ビジネスにとっては、ターゲットとなる日本人顧客をいかにして獲得するかが重要な課題となっている。

シャネルやルイ・ヴィトンは早くから、本国が日本への直接投資を固め直販体制を整えたが、日本のインポート・ブランドの多くは、伝統的な卸売業を経由する間接販売が出発点である。

現在、多くのインポート・ブランド商品を扱う卸売業は、外資による企業買収にさらされている。その代理店としての卸売りの販売システムから、本国ブランド企業の直接投資による企業システムへと変化を余儀なくされているのである。

この章では、インポート・ブランドを扱う企業での長年の経験と現場での観察をもとにして、インポート・ブランド輸入卸売業（以下インポート・ブランド卸売業）の営業の仕組みを紹介する。また、外資へと変革する過程で、組織や営業がどのような体制やシステムに組替えられようとしていったのか、この点についても明らかにしていく。

2　伝統的スタイル、インポート・ブランド卸売営業の実際

インポート・ブランド卸売業の営業現場

営業パーソンは自分の担当顧客を一件、一件、訪問する。展示会で発注をもらい、納品した商品が売れているかどうかチェックし、追加的に商品を販売するためだ。インポート・ブランドであっても国内のアパレル卸売業者と業務は変わらない。取引口座のある顧客は日本全域にまたがり、車に商品を積んで訪問することも多い。なかには本州から遠く離れた離島にさえ赴くこともある。実際の現場がどんなものか、典型的な一つのエピソードを紹介しよう。

①出張販売

夕刻、博多港発の対馬行きフェリーに飛び乗り、車から書類を出し船室に入る。今度の顧客は初めての訪問になる。熊本から久留米、博多と、よく回れたものだと感心しながら今日の成果をチェックする。冬の玄海灘は荒れる。

通路のあちこちにおいてある洗面器の意味がようやく分かる。成果のチェックどころではない。博多港から対馬の厳原まではフェリーで六時間、ここからは釜山の方が近い。胃がちぎれる思いでようやく到着する。

深夜一二時を回っているが、小売店主が港に迎えにきている。「この前にフェリーで来た営業マンは一九年前だった。本当に来るとは思わなかった」と言われる。一九年振りに商品を携えてきたというので、さっそく飲みに出ようと歓待を受ける。忙しくて朝から食事をとれていない上に、体の揺れが止まらないほどの強度の船酔いであるが、初めての訪問である。断るわけにはいかない。

深夜スナックに入り、顧客から島の様々な話や、店の経営や家族構成、趣味や考え方などについて聞く。営業パーソンは、聞くだけではなく、今の業界や他の得意先の動きといった情報や、会社の考え方、自分のことについてもいろいろと話をする。共感できる部分、信頼できる部分がどんどん広がり、話は深夜遅くまで続く。

翌朝、店舗に訪問し、商談を始める。そのスタイルは、アメリカで言うトラックジョバー、日本で言う行商と言った方がいいかもしれない。車で携えた商品を見せ、売買成立。その場で伝票を切って商品を置いていく。その時には初めて会った時よりお互いが分かりあえている。実際の商談の時間より、他の話をしている時間の方が長く、出張のコストは高くつくが、電話や来社時のトークだけでは獲得のできない信頼感が形成されている。

②倒産処理

顧客の中にはジリ貧の経営や不慮の事故で人材を失い、徐々に支払いが滞るというケースもある。営業パーソンは、信頼は失いたくないがお金は欲しい。いや、いただかねばならない。

電話で、手紙で、督促しても入金が滞る。何度となく出向いて支払計画を提出してもらうことが続く。それでも滞る。そしてまた出向き顧客と話をする。仕入れ業者は一社でない。一社が先に商品を引けば他社もたちどころに商品を引き上げ、そうなれば倒産である。残った債権回収もおぼつかない。他社も同様の考えである。変に先に動けば倒産へと拍車をかけることになる。卸売業者間で「いかに先に回収して撤退するか」という類のお互いがお互いをウォッチする囚人のジレンマ状態となる。

しかし、顧客と緊密な関係にあった時の姿、お世話になったという思いが脳裏によぎる。今まで形成してきた「信頼関係」が逆機能を果たす瞬間である。顧客に対し「すべてのことを教えてほしい。できる限りのことをしたい」と相手の中に飛び込んでしまう場合もある。顧客にしても「助かるものなら好きにしてくれ」という状況で、何でもオープンにする。三期分の決算書と仕入れ明細、在庫表、他社の仕入先取引条件を見て再生のプランを練る。

その店の再生のシナリオと会社の対応のシナリオを書くのである。結果、一旦ビジネスの清算、新たにフランチャイズ化したかたちで二年計画を作成する。デッドストックを引き受ける痛みは伴うが、不良債権とはならず、今後双方に収益をもたらす内容である。在庫投資に見あうだけの収益は見込める。会社の反対を押し切り説得をかけ、ようやく了承をもらい実行に移す。

一年目は大過なく進むが、残念ながら、二年目から状況は再び悪化する。詰めが甘かった、もう少し努力できなかったものかと悔やむが、手の打ちようがない破綻寸前である。

これで終わりと覚悟を決めるが、その始終を見ていた販売員が、自分の資産すべてを投げ打ってその債権の肩代わりをしたいと申し出て来て、最悪の店舗の破綻だけは免れる。

営業にはこんなふうに日々エキサイトする数多くのドラマがある。

インポート・ブランド卸売業の伝統的流通様式

まず、最初にインポート・ブランドの卸売業とその伝統的流通様式を説明したい。業種業態によって営業も様々であり、その流通様式とともにその営業を語らなければ、営業の姿が見えてこないと思うからである。

商品の流通は、生産↓卸売業↓小売業↓消費者という多段階構造になっている。伝統的というのは、商品の仕入れを行い、その販売を繰り返すという再販売購入者であって、昔の商人の伝統を継承している姿をイメージしてもらえばいい。

仕入先は、ヨーロッパが主たる仕入れ先国になる。ブランドがいわゆるラグジュアリーかつ有名ブランドとなるには、斬新なデザインやカラー、高級感のある素材だけではなく、悠久な歴史や文化的なコンテクストが必要になる。その意味で、ブランド・ビジネスを行うには原産国が西欧であることは重要である。西欧各国の仕入れ先企業と輸入代理店契約、あるいは日本の商社を輸入代理店として国内総販売元となり、多くのブランドを取り揃えるのが一般的である。

販売先の顧客はというと、多くの国内アパレルの卸売業者と同様で、圧倒的多数のブティックや専門店を中心とした中小小売業者と百貨店がお得意様となる。

インポート・ブランド業界が確立し始めるのは一九五五年ぐらいからであろう。既成服で良いものを求めることが無理な時代で、今も老舗と言われる小売店の多くはオーダー注文服から出発している。日本の流通特性上、地域に根ざした小売店での購入が中心である。

そのような小売店は、お客様の家族構成や趣味まで熟知していて「顧客であって顧客でない」存在となっている。お客様と小売店との間には慣れ親しんだ「コミュニティ」が形成されている。卸売業の顧客は、このような全国に広がる専門店と取引が中心となってきた。

他方、高級品を扱う以上、百貨店の存在は無視できない。百貨店では特選フロアやインポートフロアで展開される。これにはおおむね二つのタイプがある。一つには、百貨店自体が卸売業者の顧客であり、専門店と同様の取引スタイルで「買取」というかたちをとって百貨店が仕入・販売を行う場合である。

もう一つには直営店という形態でブランド単位のショップとして自社の販売スタッフを派遣し、卸売業自らの社員が直接消費者に販売を行う場合である。外見からでは、そのブランドの直営店舗のように見えるが、百貨店は売れたものの仕入れを起こす「消化仕入」となり販売主体はその百貨店となる。

図４－１　インポート・ブランドの流通様式

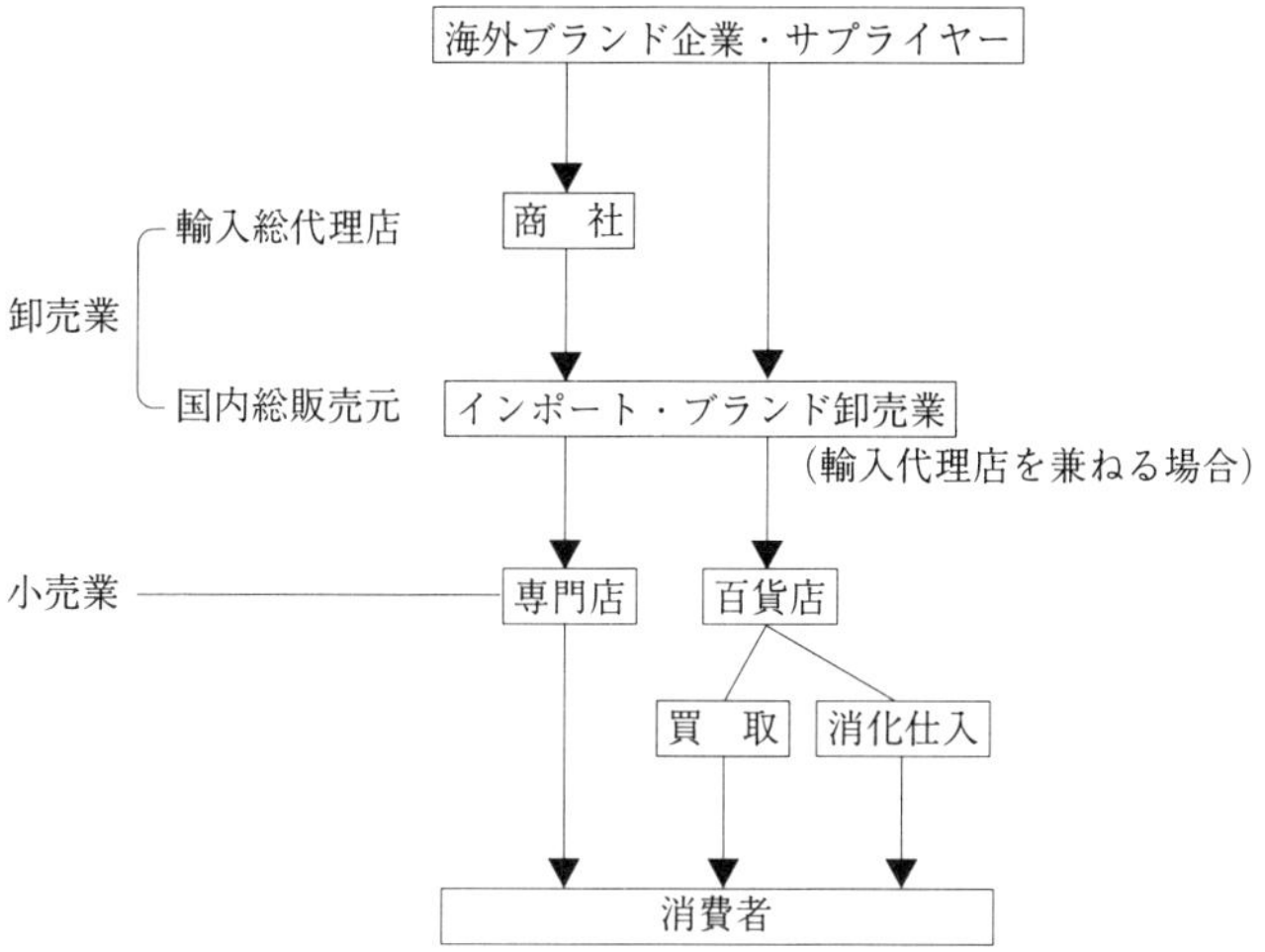

これは卸売業者が小売業として店舗展開するケースで、このようなケースは増加しつつある。このように卸売業と小売業の業際化が進むと、両者を簡単に区分することは困難である。

百貨店自体の財務体質は脆弱であり、目まぐるしく変化するファッション商品すべてを自社で買取り、販売し、在庫をも処分することは非常に困難である。卸売業者としても安定的に販売場所を確保し、自社ブランドのイメージを浸透するにはこの販売形態をとる方が好都合である。この形態は、両者の「弱さ」が生んだ取引形態である。

厳密には、転売を目的としない消費者に販売しているわけであるから「卸売業」ではなく「小売業」と言えるが、卸売業者が自社の自由裁量で営業しているのではない。販売スタッフにはその百貨店の社員としての振る舞いが要求されるし、その百貨店が持っている様々な営業方針や規制に即して活動を行わなければならない。その調整は派遣している販売スタッフではなく営業パーソンが担当する。営業パーソンはその店舗の売上や販売スタッフの状況を見るだけでなく、百貨店と販売会議、催事協賛などの要請処理や売り場拡張の条件交渉など、買取形態と同様の営業活動を行う。

3　インポート・ブランド卸売業のビジネスの特徴

商品特性と高価格戦略の基盤

商品特性が他の一般的な日常商品と決定的に異なるのは、高価格戦略を可能にしている点であろう。高級輸入ブランド品について言われている高価格戦略の基盤となっているものは以下のものである。

ブランド品の輸入が拡大する一九七〇年代当初、消費者の間では海外ブランド製品は国内製品と比べて品質が高いという意識があった。心理的な参照価格が高く設定されていたのである。商品差異の程度が大きいほどより高い価格設定ができた。最初から国産の高級品との「製品差別化戦略」が可能であったのである。

また、当時、輸入制限のために流通量が少量であった。そのため低価格大量販売によって市場浸透を図るよりも、高価格粗利優先の販売とならざるをえなかったという販売サイドの要因もある。

海外のブランド企業にとっても、日本市場への導入はチャネル構築コストの節約や直接参入に伴う障壁の高さから、輸入代理店方式がほとんどであった。輸入代理店制度の基本的特徴は、当該ブランドの販売権を一手に独占するという契約制度である。そのためチャネルおよび価格決定権を独占し、かつ同一ブランド間での販売競争が回避できたのである。

これらの要因によって、販売代理店や卸売業者は高価格による特定市場への集中化戦略をその販売政策へと据えることとなったのである。この業界が形成される過程で、高価格が当然とされる他の業界には模倣できないベースがあったと言える。

営業主体・売上重視の組織

現実の営業は、マーケティング管理でよく言われるようなプロモーションの一つの要素という位置にあるのではない。商品や広告・パブリシティと並列に扱われる人的販売の位置づけとはまったく異なり、営業こそが企業の中枢であり、基幹をなす業務として位置づけられる。組織構造を単純化すれば図**4-2**のようである。

同図の通り営業は企業のラインにある。売上こそが成長の源泉であり、成長こそが何よりも勝るといった成長神話に浸った売上至上主義の考えが背景にある。そこでは企業の成長は営業部隊の増員と強化によって達成できるという考えが支配的で、営業パーソンに与えられた使命は、顧客の獲得と既存顧客における取引の拡大である。

図４－２　営業主体の卸売業の組織図

営業が，マーチャンダイジング（商品政策）の両方を兼ねるが，主課題は「売りさばく」ことにある

展示会方式での受注方式

おおよそ年に二回のシーズン単位で開かれる展示会にブティックや専門店、百貨店のバイヤーを招待し、次のシーズンの商品サンプルを見せて、受注をとる。この期間での受注を集計し、時期の売上予定を勘案して、サプライヤー（仕入れ先）に発注を行うのである。

シーズンの売上の大半は、この「契約会」と呼ばれる商品の購買契約によって決まってしまう。営業パーソンにとっては、いかに顧客を限られた短い期間に呼び込み、契約受注を取込むか、この時が日頃の営業の真価が試されることになる。顧客との限られた時間帯にアポイントをとりつけ、予定した目論見通り受注をとることができれば、ひとかどの腕利きの営業パーソンである。

「契約会」はシーズンの半年先を先取っている。例えば、春夏の「契約会」であれば、秋冬の入荷が始まるころに、次の春夏のサンプルを見ながら発注をかける。

このあたりでミラノやパリコレクションが発表されショーベースの華やかな流行商材が追加され、次のファッション・トレンドのようなものが形成されるが、このトレンド全てが半年先まで継続するかどうかは分からない。半年前の受容予測など不可能に近い。この期間にほぼ半年の仕入れ、在庫投資を決定するのである。インポート・ブランドを扱う顧客にとっては展示会での仕入れはきわめて投機的である。

腕利きの営業パーソンは、前もって出張訪問して、顧客毎にどの型のタイプがよく売れ、どの素材が失敗したかを、チェックしており、顧客とともに今シーズンの結果をもとに、次シーズン商品の発注のアドバイスを行う。

営業パーソンの顧客メンテナンス活動

①買取りと返品

日本的商慣行の特徴として取引関連契約の曖昧さが指摘されるが、インポート・ブランド卸売業にとってもそれは例外ではない。

小売店では、半年後に商品が入荷して売れなければ、大変な不良在庫が生じることになる。よほどの販売力がない限り完全消化などありえない。これをやってのける超優良小売店もあるが、売れなければその支払いができないといったような顧客も少なくない。

小売店にとって不確実なファッション商品を半年前に仕入れるリスクはきわめて高い。また、卸売業者にとっても商品納期の遅延、サンプルとは仕様の異なる商品など条件通りに納品できない場合もある。

商品やその流通が不安定であるため、本質的に小売・卸の両者が厳密な契約のもとでビジネスを行うことは困難である。残念ながら、このような状況では相互を規制する契約があることが、両者のより状況に応じた柔軟な行動を制約してしまうという関係にある。

小売店顧客の間では納品時期、決済条件、明文化した取引の基本的な契約書を交わしてはいるが、営業パーソンと小売店では買取りした商品の返品が暗黙の範囲内で許容されている。卸売業自体、企業として原則返品は認めていないが、事実上は営業パーソンの自己裁量に任せているというグレーな領域がある。

口頭でかわす営業パーソンとの口約束が「買取り」という制度を曖昧なものにしているのだが、「馴れ合い的な商取引」は、この業界の商品流通の不安定さを補完するものだと言える。

売上が予定通りである限り、営業パーソンの行動は大きく束縛されない。腕利きの営業パーソンは、この補完能力に長けている。

②大型顧客の協賛要求

営業パーソンが担当する顧客は、平均して五〇件程度であろう。その多くは事業規模が小さい。年商規模が一億円に満たない顧客が多数ある中で、百貨店や大型専門店などの大口顧客は、その交渉力を利用して様々なイベント協賛、催事への商品供給、さらには販売協力を求めてくる。中にはスケジュール化されていないものへの突然の協力要請もあり、営業パーソンは売上の規模や今後の取引への影響を考慮すると断りきれず、その調整に時間と労力を費やすことが多い。

③決済について

商品納品後、請求に対して全額期日通りに支払いが履行されるのが通常の決済である。しかし、現実には、銀行口座振込みや手形送金、部分支払いなど多くの支払いパターンがあり、同時に昔ながらの営業パーソンによる集金体制が定着している。

小売店は展示会で発注をした商品は二月や三月、八月や九月などの季節の初旬にそのシーズン分を一括して仕入れるかたちとなるため、請求に対して支払いは分割されるケースが多々ある。もともとが曖昧な契約のもとでのビジネスである。あまりに強い入金の督促を行うと、今後の自社仕入れが縮小されたり、返品要請を受けたり、今後の販売へ悪影響をもたらすことになる。手元流動資金に乏しい顧客もあり、放置しておくと不良債権化するケースもある。

営業パーソンは担当する小売店の売上状況を見ながら、店頭にある自社商品と入金のバランスをウォッチしなければならない。ジリ貧状態の小売店では、販売を続けなければ債権を回収できないといった小売店もあり、営業パーソンにとって債権回収は負担の大きい仕事となる。

以上が伝統的なインポート・ブランド卸売企業の姿である。

この営業中心のスタイルは過去において奏功したが、システム上の矛盾を抱えている。この矛盾こそが、九〇年代に入り外資による日本企業の買収は珍しいことでなくなった理由に他ならない。

以下では、外資企業へと変革する中で、営業の仕組みやスタイルはどのように変わろうとするのか、それについて説明しよう。

4　外資による営業組織の変革

自己変革できない理由

①営業の成功体験

七〇年代のインポート・ブーム以来、マーケットは常にインポート・ブランド業界に好意的で、八〇年代前半の円高不況にあっても、為替が有利に働き経営は好成績を上げ、八五年プラザ合意以後の内需拡大策への変換を図った後、高級品がもてはやされ、かつてない業績を経験した。

営業職の上席はこの成功体験が消えない。一度培った成功体験は容易に消去できるものでない。「押せ押せ、行け行け」の営業精神論が今でも根強く定着している。

終身雇用を前提とした日本の会社は、組織化されることに慣れすぎたのかもしれない。管理されることに慣れた営業パーソンは、部下の営業パーソンを過去の管理方法で統制しようとする。輝かしい業績を収めて営業部長に昇進することとなった後も、部下である営業パーソンに対して過去と同じ手法を繰り返し踏襲させようとする。

流通構造が変わってしまい、過去の成功体験が効かず、有効打を見出すことができずにいてもである。

営業管理者は、現場の白兵戦に熱くなってインポート・ブランド卸売業の本質的な矛盾に気づかない。

日本の代理店や卸売業者は成長と存続をかけて懸命な販売努力を続ける。

この行動は、その海外ブランドが日本で数多く販売されるほど、そのブランドが日本市場に定着し、消費者からのブランド・ロイヤルティが高くなることになる。本国のブランド企業はその見返りとして、生産を増やすことで収益が上がり、自己資本が蓄積されることになるのである。

結果的に、代理店や卸売業者が、自らの収益を上げるほど、本国のブランド企業に資本が蓄積され日本市場への直接投資の機会をつくるという構造上のパラドックスを生み出すのである。

それならこの構図をうまく利用したビジネス・デザインが構築できそうであるが、必要なリソースを使い具体的な行動レベルまで落とした組織戦略を立案するまでは至らない。このような真実の問題は置き去りにされ、解決されることは後回しにされるのである。

②営業の顧客との強固な関係

インポート・ブランドの伝統的な卸売業をリーダーとするチャネル・システムは九〇年以降、徐々に弱体化しつつあった。

抜本的なチャネルの見直しが進まないのは、インポート・ブランド業界に付加価値の高さゆえに蓄積された組織的な「ゆとり」があるからであろう。伝統的なインポート・ブランド卸売業は非常に高い収益を上げていた。経常利益率が一〇％を超えることも珍しいことではない。低いマーケティング・コストに対して高い付加価値をもたらしていたのである。この「ゆとり」は単に財務上だけでなく、組織構成員の考え方にも現れる。

営業の現場では「駆け引き」や「損得勘定」とは別の、また、「馴れ合い」とも異なるウェットで、情緒的で、個々の状況に寛容な柔軟性となって現れる。それは長期的な取引関係から相互に「恩」にも似た感謝の気持ちであり、ある種の「心理的な貸し借り感情」をつくっている世界である。経済的な交換の原理が無視されるところでもある。

そこに合理的な建前とは別に、本音のところでは、人としての情緒的な心の通じ合いがあって、企業と個人と顧客とがうまく調和を保ちながら、円滑にビジネスを進めていこうとする営業の姿がある。再生を信じて落ち目になった顧客を救済しようとする原動力もここに起因する。

人を媒介としたチャネルは全体として変化に対して強いバッファーを持っているので、チャネルを抹消することは容易な作業ではない。市場経済主義の観点からすれば弱体化した企業は切り捨て去られるべきであるが、このようなチャネルは売上の変動に対して柔軟かつ強固な関係を持つ。

過去の成功体験が業界の本質的な構造矛盾や営業の制度疲労を気づかせないでいる。組織に蓄積された「ゆとり」が顧客との強固な関係をつくり、それがチャネルの再構築を妨げているのである。

外資によるリストラクチャリング

人は誰しも自分に起こるであろう否定的な将来は考えたくないものである。卸売業にとって営業部はラインであり、主任、課長、次長、部長の昇進のヒエラルキーがあり、その流れにいると将来はある程度保証されているので、なおさらそうは考えない。「将来何かプラスのことがあるだろう」「それに伴って会社が何かをしてくれるだろう。何しろ一生懸命、頑張っているのだから、会社もそれを分かっているはずだ」という具合にである。

しかし、本国のブランド企業による直接投資の市場環境は整備されつつある状況下で、企業買収は突然に進みだすものである。リストラクチャリング・プランは外資コンサルタントによって短期間で作成されるのが現状である。以下、改善プランの例を見てみよう。

①チャネル・リストラクチャー

日本の流通事情に精通していないコンサルタントにとって、営業中心のインポート・ブランド組織は、複数の職務を分担している非効率な重複組織に映るであろう。販売チャネルは規模の過小性、数の過多性から見てきわめて生産性の低いものに映るに違いない。

外資のグローバル・ビジネスにとって優先されるのは「スピード」と市場に与える「インパクト」、そして「リターン」である。

外資コンサルタントはそもそもが競争優位を持続するには独占的チャネルによる流通支配が有効であり、本国主導で行うパワー・マーケティングがそれを可能にすると判断する傾向にある。営業部員との意見調整が行われることなく、各口座の売上高、年商、立地人口など計数ベースでのデータが収集され、顧客分析が行われる。

チャネルに張りついた営業の属人的な関係や商慣行は無視され、計数処理されたデータでのみ机上で顧客の貢献度と将来性が分析的に査定される。

直営小売店舗での販売体制へとシフトした場合の売上と、卸売業を行う上での有効なサイズの売上が、

図**4**-**3**　マーケティング・コミュニケーションの中での営業

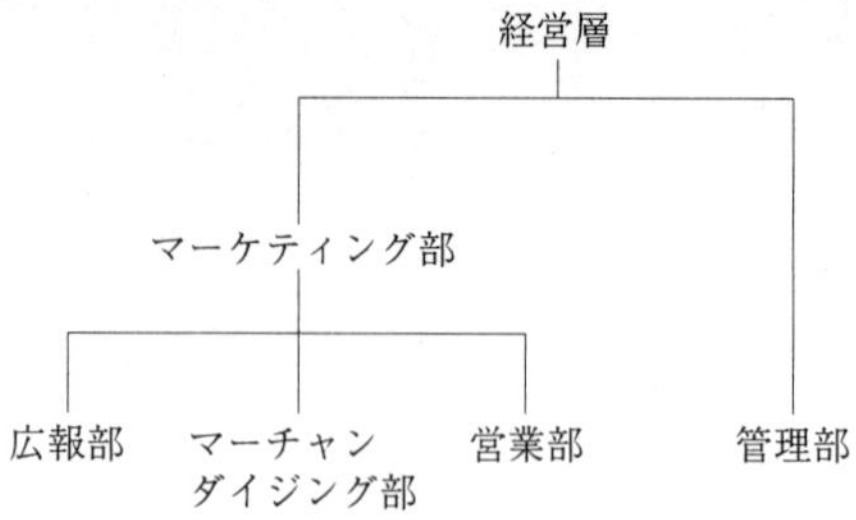

マーケティング機能部門が分化し，営業部は大きなマーケティング・コミュニケーションの中の一つの存在となる。営業活動はその中でのパーソナル・コミュニケーション。

無機質的に算出され、実際にリストラクチャリング・プランが実施された場合の損失が計上される。

多数あった卸売顧客の取引口座数が五分の一ほどに集約され、同様に営業組織もその規模に整理縮小される。内部からでは絶対に不可能なリストラクチャリング・プランが企画・実施される。

②マーケティング・コミュニケーションの中での営業体制

伝統的な卸売業の営業の複雑にいりくんだ職務は解体され、販売部門とマーケティング機能部門に職能が分化する。現実には、ローカルのライン組織とは別に、本国本社とローカルの人事や財務、広報などの各職能間で本社と密接な連携を持つマトリックス組織になっていてもう少し複雑である。組織の概念図として捉えれば、**図4-3**のようなものとなる。

同図のように営業はマーケティング・コミュニケーションの一つの存在となる。今までの仕入れ活動と在庫管理、販売活動など曖昧のうちに兼ねていた職務から、商品政策に関わる部門をマーチャンダイジング部門の専任者が担当し、広報部門は強化され、プレスやパブリック・リレーション活動に重点が置かれる。営業は人的販売による販売活動に限定される。

具体的には、営業は卸売り顧客に、展示会の受注だけを行うオーダーテイカーとなり、あとの追加的な注文は専任のオペレーターが受注し、営業パーソンによる販売後のフォローや訪問はしない。展示会での受注のみを行い、今まで営業パーソンがケアしていた販売状況についての心配は無用となる。売上金回収は自動的に振り込まれるものとされ、もし回収が困難であればその場合はファクタリングを行う。

営業パーソンは自社が百貨店に出店している店舗の販売予算・売上管理、新規店舗開発が中心業務となる。そこには、商品を売りさばくという商人のイメージはない。

リストラクチャリングの結末

リストラクチャリングは実施され、多くの顧客とともに多くの営業パーソンが去っていった。リストラクチャリングを請け負ったコンサルタントは、複雑な流通にまっこうから立ち向かい、現実を直視することによって業界の流通と営業の生産性を測定したのではなかった。詳細なヒアリングや実地調査を省いた、入手可能な数値だけのデータだけでは、営業の生産性を判断することは不可能である。

新しいチャネルは、部分的に既存の流通システムを残すかたちで組織がデザインされた。

自社が変わったとしても取引相手が変わったわけではない。結果、外資のつくりあげようとしたグローバルでの統一した管理的な「販売」は、営業の第一線で困難を極め、実施段階から調整が必要となった。

外資コンサルタントから見れば、営業はマーケティング科学の中にしかなく、それは「販売」で、最初から管理できるものとしてしか捉えられなかったのであろう。

彼らにとって、営業は自然科学的、合理主義的な視線でしか見えず、営業は的確に「説明」されるもので、「管理」「調整」できるものとされている。営業は、企業の経営目的にしたがって、合理的・効率的に行えるものとしか映らなかったのである。

現在は、外資のグローバルな統一的行動とローカルな日常活動の中で、試行錯誤を日々繰り返しつつ、現実との調整を図っている。

5　日本企業と外資系企業の相違

外資系企業の落とし穴

外資系企業（以下、外資）では、労働市場との門戸は常に開放されている。日本企業（以下、内資）では、新卒採用の定期的、もしくは、必要に応じて募集をかけるというかたちで門戸は開かれる。門戸開放は限定的であった。しかし外資では、最高の生産性を生み出すために、最も効果の高い人的なフォーメーションを組もうするため、常に採用活動を行うかたちをとる。ヘッドハンターや人材斡旋会社、自社の公募を通じて労働市場とは常に接点を持ち、質の高い優秀な人材を求めようとするのである。短期のうちに高い生産性をあげようとするのであれば、不足する人材を調達しようとするのは当然の行為かもしれない。

しかしヘッドハンティングによって採用された人が長期にわたってその企業にコミットできるであろうか。

組織への貢献は、自分の生き方が機軸となっている。原理は自己価値の最大化であって、現職の企業を自己の価値を高める一つのステップとして捉えれば、オファー次第では次の企業へと移ることは当然考えられる。

また逆に、採用する企業にとってもその職位自体がスプリングボードである。期待水準に見合わなければ入れ替え自由である。

外資では成果主義によって評価されると言われる。成果主義の原則は、生み出した結果と報酬が同価値でなければならない。

そこには、企業と契約した個人、滅私奉公を求めない個人主義の価値観の姿が浮かび上がる。

報酬は設定された目標に対しての達成度に換算されて支払われる。目標は低ければ低いほど達成しやすい。当然のことながら、いかにしてハードルを低くするか、本社や上司の意向を見抜いて自分の仕事に反映するのか、短期間のうちに何をしたのかをアピールしようとする顕示的な行動が起こることは不思議ではない。

内資は、一般的に一度投入した設備は容易には切り捨てることはなく、何とか使い切ろうとする傾向が強いと言われる。人的な投資も同様である。採用した社員は、組織の中でうまくやれるように教育や配置転換が行われる。このことが集団の高い凝集性を生んできた。企業が落ち目になった時にも、集団のため組織のため、人々は何とか切り抜けようと皆が集まり粘り強く創意工夫を凝らす。

内資では人材は内部で育成され、外資では外部から調達される。成果主義、オープンな採用活動は有効であるかもしれない。しかし、一旦業績が崩れ始めた時に、外資にこのような「粘り強さ」が定着するかどうかは疑問である。この結果は、外資に多く見られるストック・オプションと同じである。右肩上がりの時は、それは従業員にとって最大のインセンティブとなるが、売上が減少し企業評価が下がりだすと、「意図せざる逆機能」が働き始める。人材の流出が始まるのである。

この外資によるやり方は、一般に特効薬のように評価されがちであるが、そこには落とし穴があるように思える。

営業パーソンが形成する「コミュニティの質」の違い

伝統的なインポート卸売業の営業は、効率とも非効率とも言えない属人的な要素でいっぱいであり、売上との因果関係が不明瞭なところがある。ぜんぜん数字の上がらなかった営業パーソンが、突然とトップにおどり出てくることもある。

筆者には、売上を高める要因は、営業パーソンがつくりあげる「コミュニティ」にあるように思える。「コミュニティ」は営業パーソンを軸として、企業サイドと顧客サイドの両方に形成される。

営業パーソンの行動は与えられた販売予算達成のため、顧客からの受注と納品のルーティンを繰り返す日常のものである。

営業パーソンがこれら日常業務の個々の責任（レスポンシビリティ：Responsibility）を果たすことを通じて、顧客との間にコミュニティが生まれる。

「ツー」といえば、「カー」と答えるような、顧客との共感が得られているということは実際に業務を行う上での最大の強みとなる。

営業パーソンのより一層顧客の期待に応えたいという思いが、個々の業務のレスポンシビリティを超えて、顧客と企業との調整役としての役割を果たすようになる。営業パーソンは、顧客と企業組織の関係のあり方まで包括した責任（アカウンタビリティ：Accountability）を果たそうと感じるようになるのである。

そのような営業パーソンの行動は周囲に理解されるものである。顧客の側も、営業パーソンの熱心で献身的な姿に対して、好意的な態度を持ち、営業パーソンの期待に添いたいという思いが生じ、営業パーソンと顧客との間の「信頼の高いコミュニティ」が形成されるのである。

また、企業側にも「コミュニティ」が同様の過程で形成される。

定期採用された社員が営業部に配属される。配属後は一定期間営業部での見習いを通じて、その後は、先輩や周囲の営業パーソンの背中を見て育ち、良し悪しの価値判断基準が形成される。

新人の営業パーソンが先輩の営業パーソンの背中を見て育つということで、企業の中に息づいた考え方が、営業パーソンに暗黙裡に伝承されている。

それが営業パーソンの行動規範となっているので企業の価値判断から大きく逸脱しない。不慮の問題が勃発した際には、営業パーソンは顧客と組織を思い、その中間に立って、臨機応変、短期決戦的に、企業からの高い信頼があるからこそ、その場、その場で状況にあった絵を描いていく問題解決がなされていく。

営業パーソンの「顧客とのコミュニティ」、「企業とのコミュニティ」では組織文化のコンテクストが共有されているのである。

これらの「信頼の高いコミュニティ」は、深慮遠謀に基づく長期的な視野で形成されるものではない。営業パーソンが頭の中で経済合理性に基づいて考えたものではなく、現場の不確実性の中で、顧客のためにともかく頑張ってみようとする実行重視の実践過程で生まれるものである。

外資コンサルタントが持ち込もうとした営業スタイルや人事採用制度では、自然と営業が顧客との間でつくりあげる「コミュニティの質」に差ができて当然と思えるのである。

J・B・バーニーの資源ベース仮説（Resource Based View）の考え方によれば、企業の競争力の源泉は企業の内部資源に求めるべきであると言う。ブランドとは企業と顧客の間に結ばれた信頼関係で、各企業はこれをつくりあげることに懸命の努力を払っている。ブランドロイヤルティは模倣困難なリソースのもたらす優位性の一つであると言う。

同様に、営業がつくりあげる顧客との「コミュニティ」についても競争力の源泉となる内部資源と言うことができるであろう。営業がつくりだしているものは顧客の信頼である。顧客との信頼関係にあるコミュニティが形成されているからこそ、信頼できるサービスを享受することができるのである。そして、信頼できるサービスを受けるからこそ、少々高いコストを払ってもよいと考えるのである。これが、経済的な価値をもたらす能力の違いとなって現れるのである。

また「模倣による学習」が企業の価値観や考え方をシェアするのにコストのかからない方法であるとも言われる。外資ではマインド・シェアのためのプレゼンテーションやカンファレンスが頻繁であるが、営業パーソンが先輩や周囲の背中を見て育つということは、意外と低いコストで企業の価値観を共有化できる仕組みなのかもしれない。

6　おわりに

市場は自社の内部組織のようには動かない。組織で起こる問題はすべて部門と部門との間の「際」で発生する。問題は他部門と接点を持つところで発生するのである。最も顕著に表れるのは、営業部門と市場の接点においてである。

外資企業はグローバル的視点での統一的な行動をローカル企業に強いがちであるが、行動に規制の多い管理的な戦略など有効であるはずがない。ローカルでの企業環境に見合った企業システムが必要である。その姿は今なお模索中である。

最後に、本章のまとめとして、インポート・ブランド企業の外資・内資の問題点を簡単に整理して終わりたい。

インポート・ブランド卸売業の問題点は以下の通りである。

① 企業システム自体が本質的な構造矛盾を抱えている。すなわち、自社の事業を拡大すればするほど、本国企業の直接投資の機会を拡大させるという構造にある。

② 高い価格設定を可能にする業界構造にあるが、企業に蓄積された「ゆとり」と営業成功体験の呪縛によって、営業中心の企業システムの見直しを本格的に進めることができないでいる。

外資が直接投資する際に考慮されなければならない点は以下の通りである。

① 日本の流通システムを利用するか否かの判断は慎重に行わなければならない。本国企業の財務力やマーケティング力によって排他的な完全独占チャネルを構築するのか、それとも、日本の流通システムを活用したかたちで企業システムを構築するのか、の判断がまず必要である。

② 日本の流通システムを利用するのであるならば、企業システムを日本の流通事情に即したかたちでローカライズする必要がある。社内に卸売ビジネスを併用する場合はなおさらである。

③ 短期的な投資回収を期待する傾向が強いあまり人の異動が激しくなる。長期的な視野に立たなければ組織は安定しない。

外資系ブランド企業にとって、日本は魅力的な市場である。国内のアパレル企業が模倣できない競争力の源泉は、高付加価値設定を可能にしているところであった。もう一つには、国内の流通システムを利用するのであれば、営業のコミュニティを切り捨てるのではなく、営業のコミュニティ形成能力をうまく利用することが競争力の源泉となるのかもしれない。

グローバルな視点で動こうとする合理的なシステムの中に、非合理的で情緒的な人間くさい要素が組込まれたビジネス・モデルが必要とされるのであろう。

第5章　外資系IT企業の営業
――ハイタッチ営業の大切さ

1　外資系IT企業の販売戦略

販売戦略

外資系IT企業の中でも、IBMやヒューレットパッカード（HP）など、日本市場で歴史のある企業と、それ以外では戦略に随分違いがある。日本市場に古くから参入した企業は、長い期間に培った様々なノウハウがある。一方、日本市場参入の浅い企業は、早くビジネスを立ち上げるため様々な工夫を凝らしている。そのほとんどが、八〇年代以降に日本市場に参入した、マイクロソフト、インテル、オラクルなどシリコンバレー型のベンチャー企業である。その製品開発力、ブランド力、マーケティング力、スピードを武器に世界的に急成長してきた。これらの企業は、市場での競合があまりないマイクロソフト、インテル、競合が激しいオラクル、サンマイクロシステムズ、デル、シスコシステムズなどに大別できる。この二つのグループには、競合他社との競争の中で、販売戦略に明らかな違いがある。ここでは、日本に進出して日の浅い企業が、厳しい競争の中でどういう販売戦略を立て、いかに成功してきたかを述べる。

日本に進出して日の浅い外資系ＩＴ企業において、共通の悩みは次のようなことである。

①人員が慢性的に不足しており、機能的な組織がつくれない
②日本独特の商習慣の違いにうまく対応できない
③営業力が弱い
④会社の知名度が低い
⑤製品の認知度が弱い

これらの悩みを、自力で克服するには、長い時間と多大な努力が必要となる。しかし、外資系ＩＴ企業の経営者は、一般に四半期で業績を評価されるため、日本進出を短時間で成功に導かねばならないミッションを持っている。そのため、外部の力を借りることが多くなるのである。日本市場では、富士通やＮＥＣなどの巨大ＩＴ企業とアライアンスを組むか、商社系に代表される販売代理店による間接販売が採用される。外資系ＩＴ企業における、日本での販売戦略では多かれ少なかれ代理店を使った形態になっており、この販売形態だと、前述の五つの悩みがほぼ解決できるのである。自社で販売チャネルを持っている企業はまれである。

外資系企業の事例

外資系企業の事例として、日本ＩＢＭ、インテル、サンマイクロシステムズ、デルについて述べる。それぞれ、特徴を持った販売戦略を採用している。

日本ＩＢＭは、外資では唯一、情報システム全般を総合的に提供できる企業である。銀行などの金融機関で利用されている超大型のシステムや、官公庁の情報システムなど大型の商談については、日本ＩＢＭが直接販売している。自動車や電力、鉄鋼、流通などの巨大企業でも、日本ＩＢＭへ直接システム構築を依頼している企業は少なくない。一方、規模の小さなシステムや、パソコンなどの小型の機器については、間接販売の形式をとっている。相手企業・組織の規模の大小で販売方式を変えている。日本ＩＢＭは、長い歴史の中で、会社の知名度も抜群で、ブランドを確立し、信頼度もきわめて高い。また、日本での直接販売ができる組織が確立しており、顧客への入り込み度合いでは、新興の外資系企業とは歴然とした違いがある。

インテルは、一九六八年に設立され、日本には一九七一年に進出している。ＣＰＵ製品で圧倒的なシェアを誇っている。ＣＰＵ以外では、フラッシュメモリーが、携帯電話に代表される情報端末などに大量に採用されたり、ネットワーク機器に搭載される特殊な半導体を開発したり、社外の新興ベンチャー企業に投資したり、ＣＰＵ製品に続く柱の構築に努力している。しかし、売上の大半はＣＰＵ製品で、それらは直接販売を基本とし、主たる顧客である大手パソコンメーカー数社に対し、営業パーソンは二十数名しかいない。その他については、主として半導体を扱う専門商社からの間接販売の形態を採用している。この間接販売チャネルより、秋葉原や日本橋などのパソコンショップで販売されるCPUが供給されるのである。直接販売で販売される量が圧倒的で、まず売れることが前提で、営業が存在している。その顧客に対して、どれだけ多くの製品が販売できるかが鍵となる。そのために、顧客のマーケティング、とりわけ製品計画にまで立ち入ってコンサルティングするのが常である。たとえば、A社がボーナス・年末商戦に会わせて、初冬にモデルチェンジする場合、インテルの営業パーソンが一年ぐらい前までには、製品のラインナップについて検討し、どの機種にどのCPUを採用し、価格はいくらにするか、生産台数はどのくらいにするか、次のモデルチェンジはいつごろするかまで考えるのである。高いシェアを背景にしたIT企業では、コンサルティング型の営業が採用されている。

サンマイクロシステムズは一九八二年、スタンフォード大学で研究をしていた平均年齢二六歳の四人の若者により、シリコンバレーで設立された。オープン型のオペレーティングシステムUNIXを搭載し、市販のコンポーネントを組み合わせた高性能ワークステーションを低価格で提供した。オープンアーキテクチャを掲げ、様々な市販周辺機器が接続可能で、すべてのコンピュータがネットワークを介して、自由に通信ができるという小型の高性能コンピュータだった。設立後、四年目の一九八六年に、伊藤忠テクノサイエンス（CTC）が日本での販売権を取得し、販売を開始した。その後、シェアの拡大や市場参入の機会を伺っていた日本のメーカー側からの提携申込が相次ぎ、富士通や東芝、新日鉄などのメーカーに製品を相手先のブランドで供給する方式（OEM）を採用している。その一方で、従来から取引のあったCTCや他の企業とは、販売代理店契約により拡販を進めている。当初、販売チャネルが増加し、一つの商談においてサンマイクロシステムズ社製品同士で競合するケースが多く見られたが、現在は代理店間の優劣がつき始め、企業間・業種間での棲み分けも進み、過激な自社製品同士の競合は収拾に向かっている。代理店販売とＯＥＭ、一部直接販売を組み合わせた販売戦略をとっている。

デルコンピュータ（以下、デル）は、生産・販売台数で世界一のパソコンメーカーである。デルの販売方式は、「流通業者を通さずにパソコンを、エンドユーザーに直接販売する方法はないか？」、この素朴なアイデアをもとに、メーカーによる直接販売のみを採用している。当初は、電話による販売が主であったが、現在はインターネットによる販売が八〇％を越えている。パソコン市場の厳しい価格競争に打ち勝ち、技術革新へ的確にキャッチアップし、顧客の様々なニーズに応えるために、これまでの「見込み生産」「代理店中心の販売」では十分対応できないと考えたのである。そこで、独自のＢＴＯ（Build-to-Order：注文生産）方式を考え出した。ＢＴＯとは「受注に応じて製品を作る、逆に言えば注文を受けなければ製品をつくらない。そのため過剰在庫を一切持たない」という生産システムで、直販のため流通コストも小さい。顧客がインターネットや電話でアクセスし、必要な構成を指示し、それに基づき製品が組み立てられる仕組みである。日本でもこの販売方式を採用し、販売台数・売上を伸ばしている。大手企業向けには専任営業パーソンがいて、顧客のニーズに合わせたパソコンの提案を行っている。企業内の標準パソコンを継続的に購入する際には、その特定企業向けのホームページ「プレミアページ」からオーダーを出せるようになっている。ＢＴＯとインターネットによる直接販売は、パソコンの製品特性に合った販売システムと言える。

販売戦略の選択

前項で、外資系ＩＴ企業の四つの販売戦略を述べたが、何が販売戦略を決めるのであろうか。第一に、販売パートナーとなる適当な企業があるかが問題となる。ＩＢＭが日本に進出した一九三〇年代は日本でのビジネスパートナーはいなかった。アメリカのコントロールデータ社は、一九六〇年代の日本進出当時、世界第二位のコンピュータメーカーであった。日本では適当な代理店がなかったので、大手商社が販売の窓口となった。また、アメリカの大手スーパーコンピュータメーカー・クレイリサーチ社は、一九七〇年代初め、日本の総合商社が特定企業・組織向けに売り込みを行っていた。日本に第一号ユーザーができると日本法人を設立し、独自に販売組織を構築した。扱う製品が超大型のスーパーコンピュータで、最終顧客もメーカーによる直接の販売とサポートを求めたので、代理店販売の形態はとらなかった。

第二に、製品の特性により大きく左右される。高額の製品で、高度なサポートを求められる製品では、自社網による対応が不可欠となる。急激に販売数量が伸び、十分なサポート要員が確保できない場合は、代理店販売向きである。また、パソコンなど価格の安くモデルチェンジの頻繁な製品では、一般に代理店による販売が有効であると言われてきた。しかし最近では、デルのケースのように、代理店販売向きの製品特性を持ったものも、新しい仕組みをつくって直接販売する試みもある。

第三に、どのぐらいのマーケットシェアを持っているかである。前項でとりあげた、インテルなどのように高いマーケットシェアを持っている企業と、そうでない企業では、販売戦略が当然変わってくる。

インテルやマイクロソフトでは、自社製品が売れるのは、当然と考えられている。顧客に入り込んでさらに販売量を増やすために、顧客に対して手とり足とりの指導を行うコンサルティング的な要素が強くなっている。

第四に、どのくらいの期間で、日本市場で成功を収めたいかということがポイントとなる。最近の企業は、短期間に結果を求めるところが多い。一般に短期で成果を求めるには、既存の販売チャネルを活用するのが得策である。製品のオープン化が進み、メーカー以外の動きも活発になった。オープン化の過程で、海外のＩＴメーカーの製品を扱える実力のある代理店が、多数誕生することになった。日本企業が、海外特にシリコンバレーに拠点を置き、すばやく新興の企業を見つけ、早い時点で日本進出の契約や提携を結ぶ例が多くなっている。このことも短期間の成果を求める風潮を後押ししている。

どういう販売戦略をとるかは、時代によるビジネス環境の背景を考慮して、①販売パートナーとなる適当な企業があるか、②製品の特性、③マーケットシェア、④ビジネスの立ち上げ期間などの組み合わせで決定されている。

次の節では、企業や組織の内外の高度なネットワーク化、インターネットの爆発的普及により、業績を急激に伸ばしているシスコシステムズを採り上げる。シスコシステムズは、ネットワーク業界で高いシェアを持ち、また独自のハイタッチセールスモデルを確立し、躍進している企業である。どういう過程で販売戦略を決定し、どういう結果を生んでいるかを紹介しよう。

2　シスコシステムズ

会社概要

シスコシステムズは、一九八四年にアメリカ・シリコンバレーで誕生した代表的なＩＴ企業の一つである。事業内容は、ネットワーク機器およびソフトウェアの製造と販売である。ネットワークシステムの中で、中核となるルータ（経路制御装置）と呼ばれる通信機器において、ＮＴＴなどの通信会社やサービスプロバイダーで使われているハイエンド（最上位）機種で七〇％以上のシェアを誇っている。ルータとは、ネットワーク間の接続を行うネットワーク機器の一つで、主な機能は、データ通信時の送受信経路の決定、データの伝達がある。また、時間の経過や障害の発生などで、常に変化する最善のデータ通信経路を、短時間で見つけることも重要な機能の一つである。

シスコシステムズは、設立後六年目の一九九〇年に株式をＮＡＳＤＡＱで公開した。それ以来、四四・四半期連続で売上増を達成している。昨年度の売上は一八九億ドル、従業員三万八〇〇〇人、二〇〇〇年三月には、株式時価総額で世界一になった超優良企業である。成長の原動力として、成長分野に常に位置し、顧客ニーズの変化を巧みに捉え、新たな市場の創造を積極的に行っている。また、市場創造のためにＡ＆Ｄ（Aquisiton & Development：買収と開発）と呼ばれる企業買収と投資の戦略をとっている。ネットワーク社会の申し子と言える企業である。

図５－１　四半期毎の売上・利益（全世界）

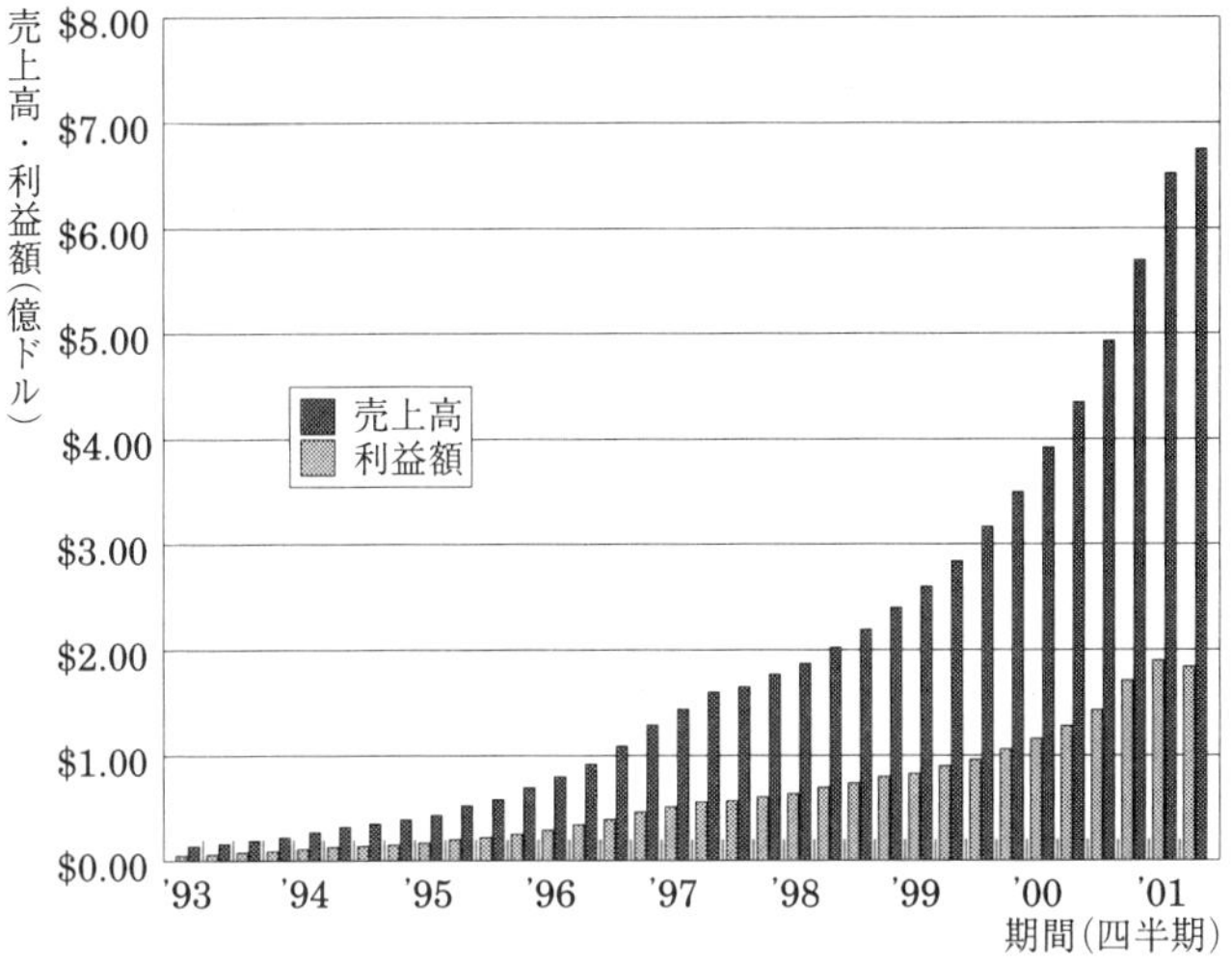

日本進出の過程

シスコシステムズの日本法人は、一九九二年五月にアメリカ本社の一〇〇%出資で設立された。設立当初は、日本でのルータの市場は非常に小さく、伸び率もわずか五%であった。大手のＮＥＣや富士通などはこの製品が、来るべきネットワーク社会で重要なキーデバイスになるとは考えていなかった。その後、シスコシステムズの日本法人にとって、重要な出来事が発生する。ソフトバンクの孫正義氏の行動力により、日本企業とのジョイントベンチャーとなったのである。九三年一二月、当時の日本法人の代表であった松本孝利氏が、シスコシステムズ製品の販売協力で、ソフトバンクの孫社長を訪ねた。その際、孫氏が「是非御社に出資させてください」と出資を申し出た。松本氏は、孫氏の思いがけない提案に驚いた。孫氏がシスコシステム

図５－２　売上の推移（日本）

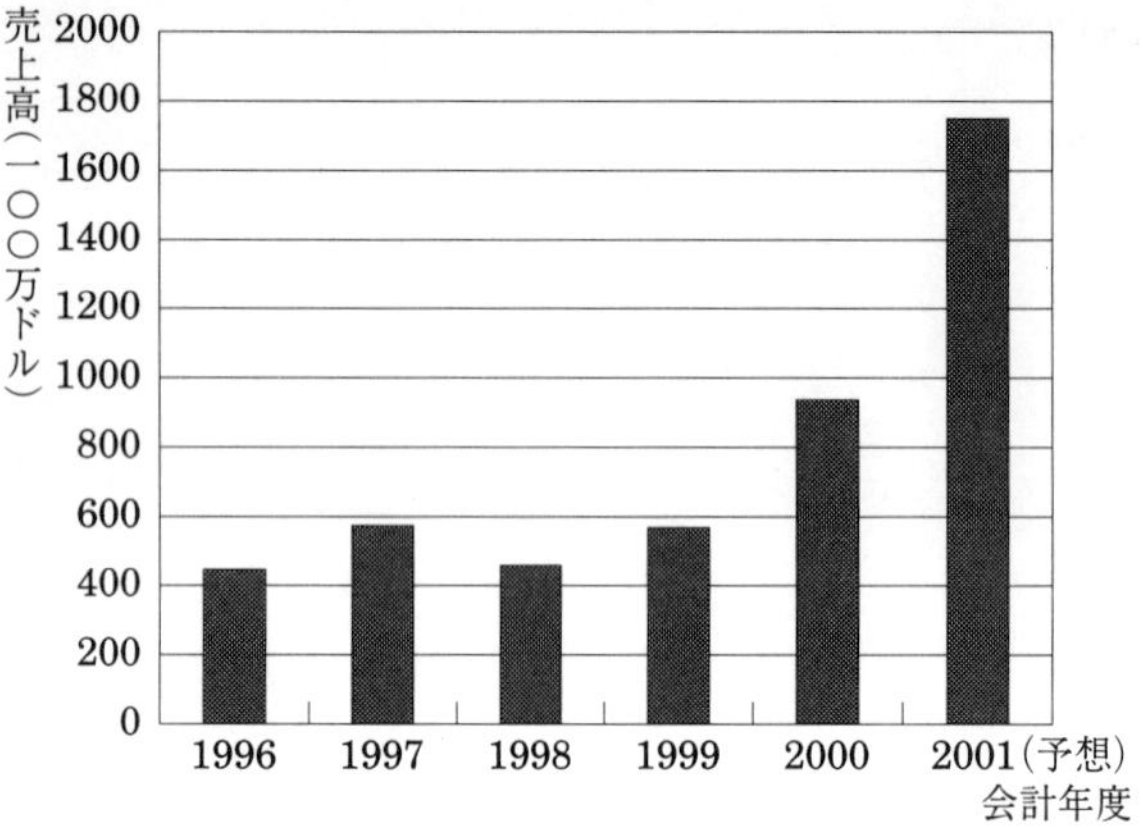

ズの将来性を見込んでおり、単に販売だけではなく、出資を行い、日本でのネットワークビジネスの成功に協力したいと考えたのである。九四年には日本の著名なＩＴ企業のほとんどが出資し、日本企業との合弁になった。そこでも、孫氏は「これからは、ネットワークの時代です。シスコシステムズは、ネットワークのキーテクノロジーを持った会社です。同業他社が全て出資しますよ。御社も出資しなければ、ネットワークの時代に乗り遅れますよ」と各社に出資を依頼した。

現在、ＮＴＴデータ、伊藤忠テクノサイエンス、ネットワンシステムズ（三菱商事が出資）、ＮＥＣ、富士通、日立製作所、三菱電機などが出資している。この出資各社が販売の代理店にもなっている。出資者＝販売代理店という図式は、非常に強力で、その後の日本での販売の拡大に大きな力となっていくのである。販売方式に、代理店を活用することは、この時点で考えられていた。さらにその四年後、単に代理店に頼る販売形態から、より高い目標を達成するため、ハイタッチセールスモデルが採用される。

ハイタッチセールスモデルとは、代理店販売の形態を保ちつつ、メーカーによる最終顧客への情報提供をメーカーの営業パーソンが行う販売形態である。メーカーの営業パーソンは、あくまで情報提供のみで販売は行わない。ハイタッチとは、最終顧客を直接訪問し、商談を行うという意味である。類似の形態をとっているのが、製薬業におけるプロパー（医療情報提供者）があげられる。ハイタッチセールスモデルがいかに有効に機能しているかを次節で述べる。

3　ハイタッチセールスモデル

誕生の背景

シスコシステムズも、他の外資系ＩＴ企業と同様、日本企業と代理店契約を行い、自社製品を販売している。日本進出当初は、人員が不足しており十分な営業組織もできず、会社の知名度や製品の認知度も低かった。ネットワーク機器は単独で販売される場合は少なく、システムインテグレーターにより顧客毎にカスタマイズされるのが常である。ネットワークの設計・機器の選定から、ネットワーク機器間の接続、特に他メーカーの機器の接続などに、多くの経験と高い技術スキルが要求される。ネットワーク機器の製品的性質から、他メーカー機器との接続が不可欠で、そのため過去の導入実績を求められることが多い。それゆえ会社が十分認知され、製品が顧客に理解され、信用されないと、購入には至らないのである。これらの複雑で重要な仕事を、各代理店に求めたのである。

九三年から始まった代理店販売も、当初四年間は順調に売上を伸ばした。さばききれないほどの注文が、黙っていてもＦＡＸを通じて流れてきたのである。しかし、九七年の会計年度から九八年にかけては、売上の伸びが著しく鈍化した。

原因は、いくつか考えられた。第一は、製品群が増えていく中で、代理店の営業パーソンが製品知識の習得が間に合わず、自分の知っている製品のみを販売している状態であった。そのため、適切な製品の販売ができておらず、販売の機会を逃すこともしばしばであった。第二は、顧客が今何を望んでいるかが分からなかったのである。ネットワークが高度化し、顧客の要求もより高くなる中で、顧客が何を望み、何をしようとしているのかが情報収集できていなかった。ボックスセーリング、すなわち箱売りと呼ばれる単に機器を販売するだけのビジネスの形態から、ソリューションセールスと言われる付加価値の高いビジネスへと変化していく中で、メーカー側の体制が整っていなかったのである。

他メーカーとの競争が激しくなっていく中で、シスコシステムズは、自社の売上を伸ばすにはどうすればよいか悩んだ。期待するほど売上が伸びなかったことで、これまでのシンプルな代理店による販売方法に検討が加えられた。実験的な試みとして、一九九八年に市場開発部という名称の組織をつくり、直接顧客を訪問し、情報の提供および収集を始めたのである。それが、徐々にハイタッチセールスモデルとして確立していくのである。

ハイタッチセールスモデルが、すべての顧客をカバーするものではない。顧客の要請に応じ、必要な顧客に対して採用されるセールスモデルである。シスコシステムズにとってその顧客は、戦略的に高い重要度を持つものとなる。そういった顧客のことをネームドアカウントと呼んでいる。

ハイタッチセールスモデルの特徴

ネットワーク業界において、営業の一般的な活動は、次の通りである。（　）内は、シスコシステムズ社内での呼び方である。

①顧客について調べる（サーベイ）
②顧客を訪問する（ビジット）
③顧客との関係を築く（リレーション）
④顧客の戦略を作る（ストラテジー）
⑤ネットワークの設計（ネットワークデザイン）
⑥ソリューションの提案（プロポーザル）
⑦成功した顧客を参考にする（リファレンス）
⑧商談のクロージング（クロージング）
⑨注文書の受け取り（パーチャスオーダ）
⑩製品の出荷と納品（シップ、インストール）
⑪顧客満足度の向上（カスタマサティスファクション）

⑫将来のビジネスの成功（カスタマサクセス）

このサイクルを常に行っている。しかし、ハイタッチセールスモデルでは、⑨、⑩の作業は受け持たない。この部分は代理店が担当するからである。すなわちハイタッチセールスモデルの営業は、顧客と価格交渉をせず、受発注の手続きを行わず、製品の出荷と納品も行わない。言い換えれば、自社と顧客との情報のやりとりのみを行う営業と言える。

既存の販売チャネルを使った場合、しばしば代理店の発言力が強くなり、メーカーの力が弱くなる。メーカーの発言力を維持しながら、代理店の力を活かす方策として、ハイタッチセールスモデルが考えられた。メーカーの直接販売の利点と、代理店販売の利点を組み合わせたのが、ハイタッチセールスモデルである。

ハイタッチセールスモデルの目的

ハイタッチセールスの目的は、

①エンドユーザー情報の収集
②需要の掘り起こし
③代理店の支援
④代理店の牽制
⑤SCM（Supply Chain Management：サプライ・チェーン・マネジメント）の下支え

の五つがある。

まず、「エンドユーザー情報の収集」は、顧客の情報に耳を傾け、製品開発に活かすということである。また、顧客が抱える苦情や不満などもダイレクトにすくいあげることも目的としている。代理店販売の場合、代理店で情報が止まってしまいがちである。特に、悪い情報については、メーカーに伝わるのが、遅くなることもしばしばである。遅くなればなるほど問題が拡大し、対応方法によっては、メーカーは致命的なダメージを受ける。食品メーカーによる食中毒事件や、自動車メーカーのリコール情報隠し事件、電機メーカーによるビデオ製品のクレーム対応などは、必要な情報が企業の上層部や関連部署に伝わらず、発生したとも言える。これらの事件で、企業が受けたダメージの大きさは計り知れない。こういったダメージを防いだり、最小限に止めることを一つの目的としている。ひいては、顧客満足度の向上に一役買っているのである。

「需要の掘り起こし」は、顧客に最新の技術情報やソリューションを提供することにより、潜在的な需要を喚起することである。メーカーの営業は目先の事にとらわれず、代理店よりも、長い視点で将来のビジネス獲得に動くことができる。ハイタッチセールスモデルは、主としてプリセールスに重きをおいたセールスモデルと言える。たとえて言うならば、ハイタッチセールスが代理店と協力し種を蒔き、水をやり続け、代理店の営業が収穫を行うような役割分担となっている。

「代理店の支援」は、代理店の販売活動と連動し、支援することにより販売を成功に導くものである。代理店単独で実施することが難しいセミナーの開催や、キャンペーンの実施などを行っている。シスコシステムズでは、毎年四月に幕張メッセなどの会場を借り、大規模なプライベートショーを実施している。また、社内にラボ設備を整え、顧客の要望するネットワーク構成の検証や、新機種の性能評価や検証を行っている。

「代理店の牽制」は、代理店はおおむね競合他社製品も扱っているが、その動きを観察し、できるだけシスコシステムズの製品を販売してもらえるよう協力要請することである。実際には、顧客のニーズをつかみ、自社製品での提案が可能なように営業活動を行っている。

ハイタッチセールスモデルが、「ＳＣＭの下支え」になっていることに注目したい。シスコシステムズは、売上比一五％前後の高い利益率を達成している。製造業では、いかに効率良く生産するかが大きな課題となっており、ＳＣＭも有効な手段の一つである。ただし、ＳＣＭにおいて、正確な需要予測ができなければ、うまく機能しない。前述のアメリカのパソコン大手のデルでは、注文があってから生産を行っているので、正確な需要予測が実現できている。しかし、パソコンと違って、製品数を数万点有する企業では、部品手配が膨大であるので、あらかじめ何らかの方法で、需要を予測しなければならない。それも精度の高い予測ができる方法が必要とされる。その解決策が、ハイタッチセールスモデルなのである。

ハイタッチセールスモデルの営業方法

シスコシステムズでは、三年前の一九九八年にこのモデルを採用した。ハイタッチの営業パーソンが顧客に、電話でアポイントを取ろうとすると、「なぜ来るのですか？」「御社からは買っていませんから結構です」という反応が大半であった。うまくアポイントが取れ、顧客を訪問し、名刺交換をすると、「シスコシステムズの製品はたくさん使っているが、シスコの方の名刺を見るのは初めてです」「こんなに製品があるのですね」「これも御社の製品だったのですか」という反応が多かった。これまで、製品は使っているが、シスコシステムズがどういう会社で、どんな製品ラインナップを持っているか十分に伝わっていなかったのである。ハイタッチセールスは、市場開発部という名称で始まったが、メーカーの営業を強調しすぎたために、「直接取引きできるようになったのですね」「これまでの代理店はどうなるのですか」など販売方式に関する変更と誤解されることもあった。そのため、当初は代理店から大きな反発があり、メーカーの営業パーソンが自分の顧客を訪問することに対して強い警戒心があった。一部では、大きな反発となり、シスコシステムズに対し、ハイタッチセールスの中止を求める声も上がった。それは代理店が、シスコシステムズの営業パーソンが顧客を訪問することによるメリットを、すぐに感じなかったのである。

この問題を解決するために、シスコシステムズでは、代理店に対しハイタッチセールスモデルの理解のために力を注いだ。特に、代理店のビジネス拡大につながり、このモデルが代理店とともにＷｉｎ＆Ｗｉｎの関係を築けることを説明した。もちろん、代理店に対して中立の立場をとり、顧客に対してどこの代理店と取引するような行動は一切とっていない。どの代理店と取引するかは、顧客が総合的に判断している。

具体的には、営業パーソンが担当企業のIT部門を訪問し、様々な情報を提供している。新製品情報や、新しいカタログを届けることはもちろん、今後のネットワークインフラをどう整備・拡張するかを相談したり、ネットワーク全般に関することをアドバイスをしている。その一方で、顧客の現在のネットワーク環境や、顧客の業界でのポジショニング、今後の展開などを把握し、需要拡大に向け活動している。顧客が「ネットワークについて何か分からないことがあれば、シスコの○○さんに相談しよう」と思える営業パーソンを目指している。これを、シスコシステムズでは、トラステッドアドバイザー（信頼できる相談役）と呼んでいる。

本来、代理店が行うべき仕事もカバーしている。代理店が企画する特定顧客向けセミナーの協力や、デモ用の機器の貸し出しなども行っている。また、トラブルが発生した場合、代理店からシスコシステムズのサポートセンターに要請を出すが、その一方でハイタッチセールスの営業パーソンがトラブルの状況を管理し、適切に処理が進むよう社内外の調整を迅速に行うのである。

さらに重要なのは、営業パーソンが、今後どの時期に、どのような製品が販売できるのかというフォーキャスト情報を詳細に分析し、イントラネットで登録している。案件の発見から、ブッキング（受注）までを一〇段階に分け、社内アプリケーションに入力するのである。これが、生産計画に反映されるのである。すなわち、営業パーソンが顧客より直接入手する正確な情報を元に、SCMで大変重要な需要予測を高い精度で実現しているのである。

営業パーソンの評価方法

ハイタッチセールスの営業パーソンの査定は次のようになっている。評価においてＭＢＯ（Management by Objectives：目標管理制度）を全面的に採用している。ＭＢＯとは、各個人がそれぞれ評価対象期間に達成すべき目標を立て、その達成度について評価を行う制度である。最近では、日本企業でも採用される例が増えているが、外資系ＩＴ企業では、おおむね採用されている。営業パーソンは、所属部署で担当顧客が決定され、自身で年度のレベニュー（売上目標）を立てる。さらに、自らその目標を達成するために重要であるサクセスファクター（成功要因）を三〜五項目あげ、それをどのように活用したか、マネージャーとワントゥワンミーティング（一対一会議）で評価するのである。あわせてその年取り組んだ能力開発の内容と終了時期も設定する。

給与体系は、ベース（基本）部分とインセンティブ（成果）部分に分かれている。さらに、ＭＢＯでの評価や、顧客の満足度による評価部分も加味されている。顧客満足度は、第三者機関による調査により、この営業パーソンがどれだけ顧客を満足させているかを客観的に数字化している。

4　おわりに

導入後、二年以上が経過し、販売代理店の理解も進み、また顧客への信頼感も着実に増している。ハイタッチセールスの目的として第３節（一三四ページ）であげた、五つの項目についてうまく機能している。日本法人の売上も、九八年から九九年は二〇％、九八年から九九年は六七％、九九年から二〇〇〇年には七〇％近い伸びを示した。ＩＴ時代の本格的到来を迎え、ハイタッチセールスモデルもより完成度の高いモデルに変化するであろう。今後、市場の成熟度により、セールスモデルの改良・改善が続くと予想される。

ハイタッチセールスモデルが成功する業種は、薬品や一部ＩＴ機器などのメーカーと考えられる。これらは、知的付加価値が非常に高い製品である。研究開発に資金を投入している一方、一般に製造原価は安い。簡単に他社に真似のできない要素が含まれている知識集約型の製品に向いているのである。知的財産の価値が増す中で、このハイタッチセールスモデルの適用範囲も今後増えると予想される。

第6章 製造業の営業
――新規開拓の進め方

1　営業をめぐる諸問題

はじめに――営業と組織・人材という二つの歯車

経営コンサルタントの仕事に携わって一三年になる。最近ようやくこの仕事の本質が自分なりに分かるようになってきた気がする。駆け出しから数年間は、専門知識の習得とテクニックを向上させることに躍起になっていた。しかし今ではクライアント企業の「組織づくり、人づくり」にいかに貢献するかが使命だと確信している。企業ビジョン・戦略づくり、地道な仕組みの構築、研修の積み重ねなどはそのための手立てにすぎない。

筆者のクライアントは中堅・中小企業が多いので、人材のレベルや意欲は一様ではない。戦略的な方向づけを明らかにしつつ、社員たちを目覚めさせ、やればできるもんだと自信を持たせて、組織に勢いをつける……ここまでのプロセスに一、二年かかることもざらだ。

本章では、筆者が仕事を通じて実際に体験してきたことを語ろうと思う。ビジネス雑誌で紹介される成功事例は確かに美しい。セミナーで聞かされる大手企業のＩＴ革命の事例もなるほどと思う。しかし大方の中堅・中小企業にとっては、距離感を感じるだけというのが現実かもしれない。実際の経営は教科書や模範解答通りには進まない。特に新規開拓、新事業開発ともなれば仮説とその修正の連続、試行錯誤の繰り返しである。実践の場にいる人々からすると、教科書では表現しきれない実践プロセス上のツボやヒントが欲しいのではないだろうか。

企業を動かしているのは、感情に左右される生身の人間である。営業と組織・人材という二つの歯車の噛み合わせが重要である。

製造業の営業を取り巻く環境の変化

一口に製造業と言っても、消費財と生産財に分けられるだろうし、製品と部品・部材にも分かれる。本章では、生産財、部品・部材に関わる製造業に重点を置きたいと思う。たまたまこうした企業をお手伝いする機会に恵まれたからで、あるべき論をなるべく避けるために自分自身が体験した範囲に絞らせていただきたい。

さて、生産財の営業は、その個別性、日本的特殊性（系列取引・商慣習）により、これまで大きな変化が見られなかった、と言えるかもしれない。いわゆる人脈主体の営業であったり、あるいは固定得意先を営業車で駆け巡る営業がこれまでの一般的な姿であろう。例えば接待のうまさも欠かせない能力であった。あるいは設計等の技術者が納入先との窓口になって営業機能を果たしていることもある。いずれにしても既存得意先にいかに密着営業するかが重要だったのである。新規開拓しようにも、業界内のすみわけや系列の論理に阻まれる局面も少なくなかった。

しかし近年、取り巻く環境・業界の構造が変化しつつある。

一つは、規制緩和・取引関係の構造変化である。系列の流動化、中間流通の簡素化と統合再編、商慣習の見直し、十数年来の「グローバル化」（海外生産シフト、海外調達）はますます進展している。さらに、ＩＴ化の流れは加速度を高めつつある。「Ｂ to Ｂ」ネット取引、ＳＣＭ（Supply Chain Management：サプライチェーンマネジメント）、ＳＦＡ（Sales Force Automation：営業の情報武装化）他様々な動きがある。そして生産性の向上の要請である。高コストの営業体質の見直しが迫られている。明らかに営業担当者は高齢化し、かつてのフットワーク力に翳りが見られる。人的営業の真価が問われているのだ。

生産財営業の新規開拓

保守的であった生産財営業も、生き残りをかけて新規開拓あるいは新事業に真剣に取り組まざるをえなくなった。営業活性化のためのセミナーを開催すると、大都市・地方都市を問わず、必ず「親企業に頼ってはいられない、我々も営業部隊を持たねばならなくなった」「本業だけでは生き残れない、何とか新規事業を起こさねば……」という思いで参加される企業が少なくない。ところが一度話を聞いてくれませんかと、訪問すると延々製品の優れた点を聞かされることもある。技術系ベンチャー企業によく見られる傾向だ。大抵は我流営業の袋小路に陥っておられる。

脈絡のない営業訪問活動に追われる前に戦略を固めることが大切である。努力には、正しい努力と間違った努力とがある。最前線の営業担当者が無駄な努力に埋没しないように正しい戦略を立てなければならない。以下、製造業の営業、新規開拓の高度化プロセスのあり方について述べてみたいと思う。

2　戦略の立案

営業戦略の前に事業戦略ありき

「営業戦略の前に事業戦略ありき」。この実践原則はあまり理解されていない。年商一〇億円未満、社員数十人の所帯の中堅・中小企業ですら、対象市場・顧客、製品・技術、営業システムにより複数の事業を抱えている。たとえ単一製品の企業でも対象顧客により一定の機能付加があったりする。事業特性毎に営業戦略も変わるはずだ。担当人材の行動特性も違う。なのに、営業スタイルや組織編成が画一的であったりすることが少なくない。

かつて電機・電子部品から住宅設備まで幅広い事業分野を持つ、ある大手メーカーの協力会社会主催の戦略研究セミナーに関わる機会を与えていただいた。各協力会社のトップや幹部の皆さんが現在の自社の事業構造を分析して、今後の戦略方向を練り上げるというプログラムだ。おかげで多様な業界、業態からなる何十社というサンプルを見る経験を得た。ポイントは要素技術を軸に事業区分を行い、いかに上流もしくは下流に機能付加していくかというシナリオづくりだ。

近年、大手製造業ではＳＢＵ（Strategic Business Unit：ストラテジックビジネスユニット）などのように最終市場分野別や戦略目的別に事業部が組まれるようになってきた。しかし中堅・中小企業ではまだまだ組織形態は納入先・製品・工場別であることが多く、事業コンセプトにより組織編成するには到っていない。

事業戦略の第一はコンセプトづくりであるが、これが難物である。ハウツー・方法論やデータと違って、概念だ。固定観念にとらわれているとなかなか理解しがたいものなのである。

顧客の洗い直しをしよう

まず、中期三年くらいの戦略構想（事業構造）を描く作業から始める。事業の視点から、顧客の分解作業を徹底的に行うことである。一度、自社をバラバラにする作業だ。この際、現在の組織構成や納入先による顧客分類を破壊する。そのために過去三～五年の売上高、粗利益、製品のデータをそろえ、事業区分の準備資料とする。この間、まったく取引が消えてしまった得意先のリストアップも大切だ。重要なヒントが隠れているケースがある。同時に要素技術マップも必須資料となる。

事業区分（事業定義）はクリエイティブな作業である

自社の事業がいくつの事業に分解できるか。自社の事業構造を分析する作業に進もう。「市場・顧客×技術・製品×営業システム」で切っていき、事業区分仮説（事業定義）を立てる。この事業区分（セグメント）とそこから重点事業を取捨選択していく割り切りが、戦略の成否を左右することになる。

技術・製品軸の場合は要素技術（製品技術でも加工技術でもよい）、市場・顧客軸は川下の最終市場用途分野でくくることがポイントだ。顧客からの「価値」により見直していく作業である。製品や納入先で切ろうとすると現状追認になってしまうので要注意である。現状の組織形態にとらわれるとなかなか発想転換しにくいのである。

例えばこんな感じだ。ある営業部門は素材メーカーから素材を購入し部材・製品メーカーに販売する代理店機能部門である。ところが洗い出していくと外注先を使って加工を施し半製品として納入している形態もあれば、得意先が納入している最終需要分野も多岐にわたっている。成熟産業分野もあれば成長産業分野もある。えてして営業担当者は直接の納入先の事情は熟知していても「顧客の顧客」に目がいかないものである。従来「素材メーカーから素材を購入し販売する代理店事業」とひとまとめにしていた中から、「製品図面をもとに素材メーカーと一体となって営業・技術開発にあたり、加工業者に外注し、半導体製造装置メーカーに部材を販売する事業」「納入先の生産計画に基づき、加工業者を組織化してジャストインタイムで住宅設備機器メーカーに納入する事業」というように切り放してつくっていくのである。事業システムが異なるからである。そこから「半導体装置メーカーの納入先はどこだろう、半導体市況はどうなっていくんだ」「うちは板金・プレス・成形など複数の加工技術分野の業者を使っているが、いちばんの強みは金属加工に関する素材の目利きのノウハウだな」「住設機器メーカーの中期計画を知っているか」というように議論が広がっていく。

これまで組織別に見ていた全社の売上高・粗利益構成比が、事業システム別に再構成するとガラリと変化することがある。現状では売上高の小さな事業だが成長が見込まれる重点事業ではないか、あるいは歴史は古いが今や「利益なき繁忙」の事業になっているのではないかとか……新たな発見が見えてくる。

図６－１　事業構造分析の進め方

顧客を分解する
現状の組織にとらわれず，顧客データ・要素技術マップをもとに洗い直しをする。

⇩

事業区分（事業定義）する
「市場・顧客×技術・製品×営業システム」により区分する。顧客からの価値である。

⇩

事業プロセスを分析する
産業システムマップにより，川上から川下における，自社の機能，「顧客の顧客」「顧客の競合」を把握する。

ミッションステートメントをまとめる作業と言えるかもしれない。言うなれば事業システムの検討を通して、自社の「コア・コンピタンス（自社の強さの中心軸）」を発見する作業である。

川上から川下にわたる事業のプロセスを分析する

次に事業毎に川上から川下にわたる事業プロセスを分析していく作業に入る。ここで「産業システムマップ」と名づけている手法を使う。自社の機能が川上から川下の流れの中でどこにあるのか、あるいは「顧客の顧客」

「顧客の競合」を把握することが狙いである。川上の素材の技術動向や川中の流通動向はどう変化しつつあるのか、特に川下企業の用途分野の動向把握がポイントだ。

同時に川上・川下に対して機能付加を進めるのか、あるいは現在の機能（要素技術や流通機能）をさらに専門化・高度化するのかを検討する。この段階に来て初めて、川下、川上への新規事業、あるいは川下の新規開拓の方向性が見えてくる。

事例①

図6-2は、あるプラスチック材料販売流通業の事業構造を示す産業システムマップである。

当初は材料販売が本業であったが、川上に対して加工機能（着色機能・成形機能）を持つようになった。材料を使用する需要家を兼ねるようになったわけである。続いて川下に対しても製品を企画販売する機能を持った。直接雑貨品をホームセンターなどに納入するようになり、売場構成や商品の売れ筋を強く意識するようになった。市場分野を雑貨品分野に絞って業態進化（垂直統合）型による小さな付加価値を集積していく戦略を展開してきたのである。

こうした結果、本業の材料販売営業担当者は加工機能と自社販路という武器を持つことになり、同業に比べて有利に闘えるようになったのである。同時に需要家でもあることから材料仕入交渉力（コスト競争力）も高まった。輸入材料・製品も扱うようになり、発想だけでなく行動までグローバルになった。雑貨品分野主体の中小加工業者を対象に、在庫・小口配送・加工能力を有して、安く素早く提供する仕組みなのである。この事業での営業担当者は「フットワーク」が問われている。

図6-2　産業システムマップによる業態進化型事業構造戦略

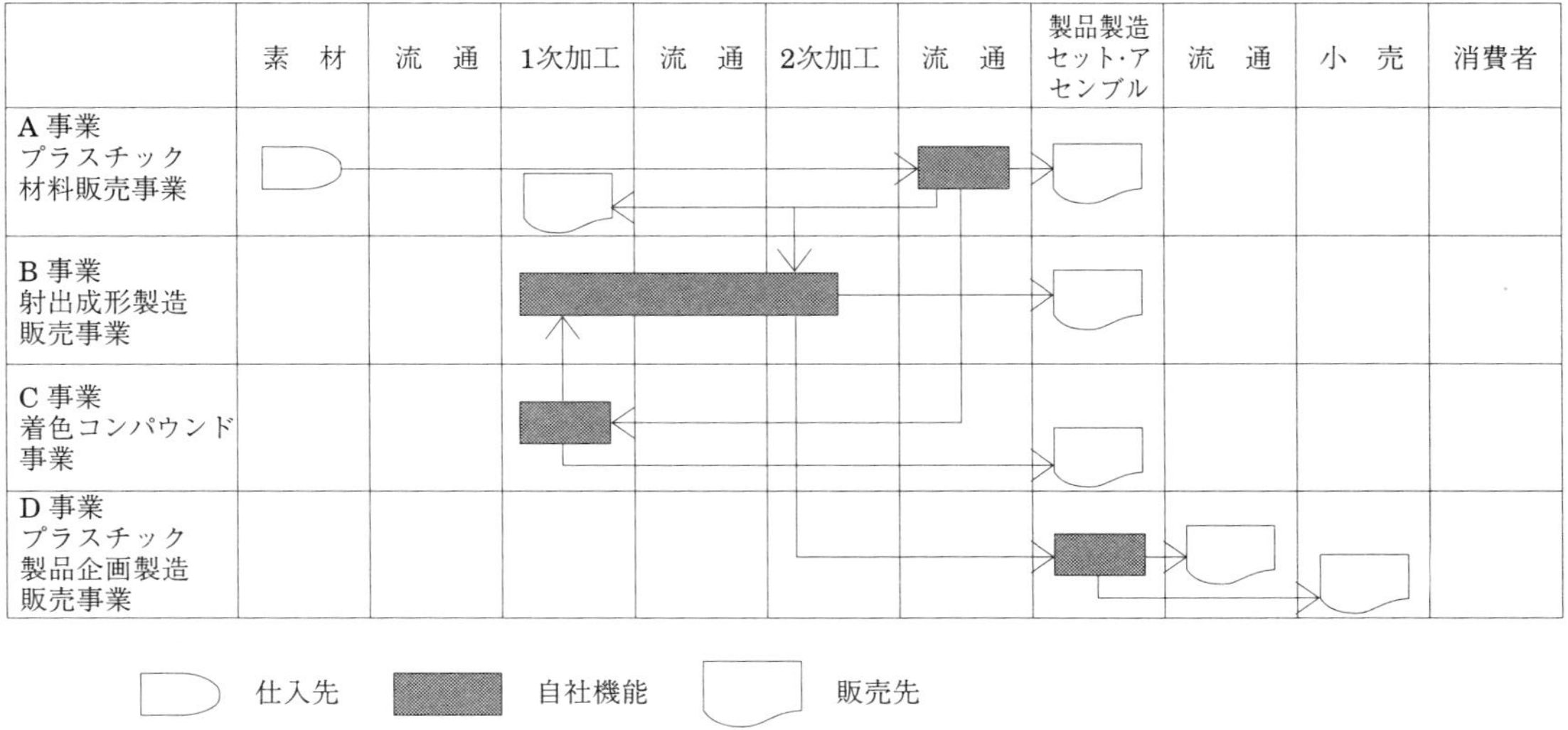

当初はプラスチック材料販売事業から出発。販売先は射出成形製造販売業者あるいは製品製造セット·アセンブルメーカーであった（A事業）。そのうちに射出成形製造販売を営む関連会社（B事業）を有するようになった。流通業からメーカー機能を持つようになったのである。さらに付加価値を高めるために材料に少ロットで着色したり，コンパウンディングする関連会社（C事業）も設立した。また川下に対しても小売や卸売業を対象とした雑貨品の企画製造販売を行う関連会社（D事業）も設立した。この結果材料供給だけにとどまらず，加工機能と自社販路を持つようになった。

今後の課題は中堅・大手成形業者への食い込みである。最終市場分野は自動車、家電、情報機器などである。競合会社のレベルも高くなる。今までの手法は通じないのだ。営業担当者の能力や資質も異なる。新規開拓の鍵は問題解決、すなわちソリューション営業でなければならない。今新たな仕組みの構築に取組んでいる。

事例②

A社は事例①の企業と同様にもともとは金属部品を納める商社が出発点であった。その時代毎の成長分野に狙いを定めて自動車、住宅資材と新規開拓を進めた。そのうち納入先からの要請もあって金属加工も手がけるようになった。最終用途分野の成長とともに業容は拡大し、ユニット部材・半製品を納める機能まで有するメーカーに変身していった。今では住宅そのものを自社で設計施工販売できる新事業を展開できるようになっている。この結果、同グループは部品、加工品、完成品、システム提案などの様々なスタイルの営業活動を有することになった。

営業計画は顧客分析が決め手

中期をにらんだ事業構造戦略構想を踏まえて、次に営業計画に着手する。戦略方向が定まったことを受けて、新規開拓もいよいよ行動方針検討の段階に入ることになる。

①顧客分析をきめ細かく

営業計画を検討する上で、ベースとなるのは顧客分析である。ポイントの第一は購買量推定プロセスである。顧客別に自社が販売可能な範囲を設定し、得意先の売上高・粗利益率、競合企業の納入量から推定していく。そこからインストアシェア（納入可能分野における自社売上高／得意先推定購買量）の推定も引き出される。

第二のポイントは顧客企業の戦略分析である。上場大手企業の場合、有価証券報告書などからどういう方向に進もうとしているか情報を入手しておかねばならない。企業信用調査レポートの損益計算書・貸借対照表から読み取る能力も必要だろう。競合企業の動向も把握しておかねばならない。

②顧客タイプ別の攻め方

売上高とインストアシェアから顧客を四つのタイプに分類してみよう。その結果、攻め方、適正人材のイメージが明らかになる。

Aゾーンは購買量も多く、インストアシェアも高い大手の既存得意先である。納入企業としておそらく一位か二位のポジションであろう。価格対応・提案力が求められる。したがってベテランの営業担当者を配することが多い。ただし利益が取れているか、あるいは成長性が見込めるかよく見ていく必要がある。扱いは大きいが、手間ヒマがかかり過ぎるマイナス要素もありがちである。

Bゾーンは購買量が多いものの、まだまだシェアが低く、十分に攻めきれていない大手得意先である。これから攻めるべき重点開拓先として上げられる。ただし会社名だけで議論すると上滑りしてしまうことがある。事業部や事業所単位まで細分化する必要がある。

インストアシェアはかなり高いが購買量が少ないCゾーンは現状維持で臨める先である。古くからの

図6－3　推定購買量とインストアシェアからの顧客タイプ分類

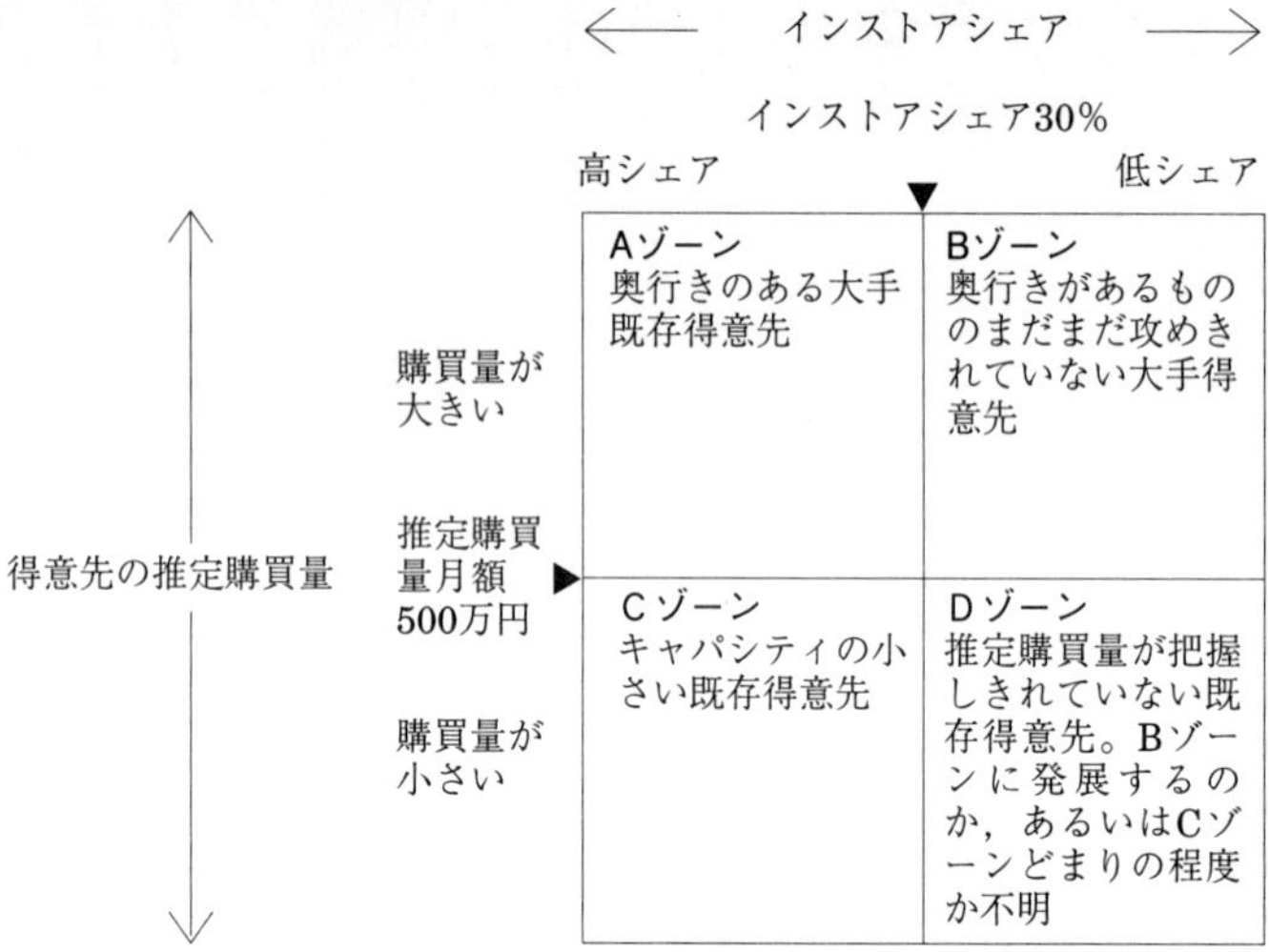

例えば自社で納入可能な範囲の製品･部品に限定して得意先の月額購買量を推定してみる。得意先の原材料費率や部品構成を把握する必要がある。上記の顧客タイプ分類例では例示として月額500万円で切ってみた場合である。
次に競合の販売量を推定して自社のインストアシェアを出してみる。インストアシェアも，事業特性により30%でよい場合と，60%押さえないといけない場合もあるだろう。
Aゾーン・Cゾーンはインストアシェアが高いので情報を把握しやすいが，Bゾーン・Dゾーンとなると深耕度合いが低いのでかなりの情報入手努力が求められる。

取引があるところが多いだろう。若手人材の育成の場にもなる。

判断が問われるのは、Dゾーンだ。インストアシェアは低い。推定購買量も大きくない。ただしここは言うなれば玉石混交。本当はキャパシティが大きい有望先なのに、攻めきれていないために内容把握ができず、推定購買量は多くないと見なしているのかもしれない。逆にビッグネーム企業であるためにこれから楽しみだと思っていたら、実は試作や研究開発部門と付き合いがあるだけで購買量はさして多くないところも混在している。ダイヤモンドになってBゾーンへと発展していくか、はたまたただの石ころに過ぎずCゾーンに落ち着くか、その見極めが問われる。

図6-4 顧客タイプと新規開拓

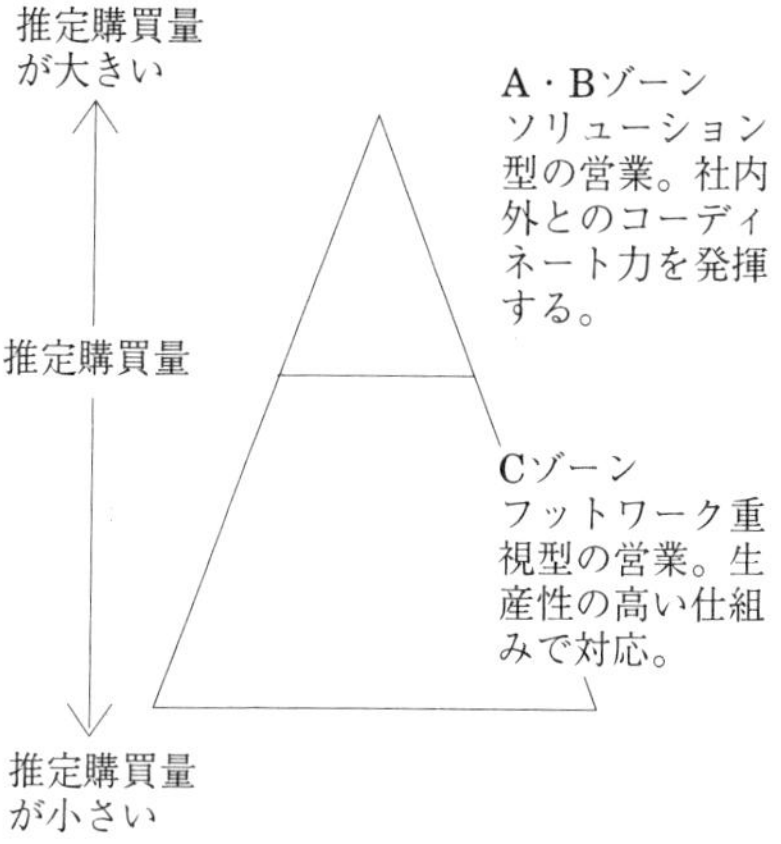

新規開拓の動き方はどうなるだろうか。Bゾーンは提案力が問われるソリューション営業になる。技術陣と一体となったチーム編成や新製品情報の早期入手が鍵であろう。

Cゾーンはフットワークがポイント。全得意先の何割を新規得意先として入れ替えていくかという活力が必要だろう。

事例③

上記のタイプ分類を活用して、エリアマーケティング手法と組み合わせて新規市場開発の営業を展開することもできる。

B社は薬品や化学分野の研究開発部門で使用する薬品を製造販売する企業である。顧客は理工系大学の研究室、公的機関・民間企業の研究所になる。圧倒的に需要の大きい首都圏での営業を本格的に展開することが同社にとって大きな課題であった。

すでに営業所を早くから設けていたが、Cゾーン先が多く伸び悩んでいた。そこでどこから着手すべきか戦略方針を立てるために、首都圏にある大学、研究所をすべてリストアップ、研究員数などから推定購買量を予測して上記の顧客区分を行い、地図へのプロットと組み合わせて立体化して計画を立てた。そこから重点エリアを導き出して、新規開拓を集中的に展開したのである。

3　戦略の展開

営業プロセス管理のツボは情報共有と進捗把握

営業プロセス管理でのポイントは訪問活動から収集されてきた情報の質の管理と進捗管理である。SFAの諸ツールは情報の共有と進捗マネジメントをいかに効率化するかが狙いである。中堅・中小企業においても採用すべきであろうが、当面は難しいというのであれば、この情報共有・進捗動向の把握の狙いを営業会議で実現すべきである。ややもすれば営業会議は型通りの報告連絡に終始したり、目標必達を迫る追及の場になりがちだ。

情報交流・意見交換、営業計画や新規開拓の仮説検証のフリーディスカッションを行って、前向きに意欲を高める場でありたい。本章の冒頭にも書いたが、新規開拓は仮説とその検証、試行錯誤の繰り返しである。営業担当者個人の思い込みよりも、複数の人間からの意見・助言が貴重になる。「それならこの人に聞いたら」とか「この商品をぶつけてみたらどうか」とかアイデアを出し合うのもフリーディスカッションの得意とするところだ。

SFAの導入までは到らなくとも、社内LAN上に、営業日報、成功事例や企画書、業界情報を上げて、ナレッジマネジメント(Knowledge Management)の初歩程度は最低限欲しいところである。

営業組織の活力を維持する工夫

先述したプラスチック材料販売流通業の企業は当初部課制をとっていた。しかしベテラン課長はややもすると「業界常識」にとらわれすぎ、顧客からの潜在ニーズを聞き出すフィルターは詰まり気味で、フットワーク力も落ちていた。当然新規開拓意欲も薄れていた。そこで事業の多様化の進展に合わせて、三〇歳代の中堅と二〇歳代の若手からなるチーム制に切り替えた。一方、ベテラン課長は事業会社の責任者に転じ、これまでの経験を活かして活躍することとなった。一気に世代交代を進めたのである。各チーム間には競争意識も働き、次第に自律的成長を遂げた。三〇歳代には人を育てる意識が芽生え、二〇歳代は上司の常識的な指示に振り回されず伸び伸びと動くようになった。営業生産性が問われている以上、世代交代は避けられないのではないか。もしもそれが実現できないとすれば、企業としての活力がないと言わざるをえない。

生産財の営業は人に得意先が張りついているから、簡単には得意先担当変更ができないとよく言われる。最小単位のチーム制であれば、計数管理もしやすく、担当変更も比較的進めやすい。

また営業部門がなかったメーカーが営業部門を編成する場合はどうだろうか。基本は技術などのスタッフからの選出となる。ここでも事業特性や顧客タイプに合わせた基準の設定が必要だ。

ところで見落とされがちなのが営業事務の戦力化である。元祖コールセンターとも言える仕事もこなしている。営業生産性を上げる目的から再考すべきであろう。受注受付・伝票発行などの補助業務にとどめておくには惜しいではないか。

人材を早期育成する仕組みが求められている

営業生産性を上げるためには、人材の早期育成が求められる。そのためには求められる人材像の育成ストーリーをつくることである。少なくとも入社三年目には戦力となってほしい。早期育成プログラムを組む必要がある。教育研修体系も営業主導でプログラムを編成してみる。営業に対する教育研修を人事部に任せ放しにする時代は過ぎた。

またあるべき営業人材像や早期人材育成プログラムが明確になれば、目標管理の仕組みとの連動も有効になるであろう。

おわりに――事業システムの牽引車としての営業

製造業、中でも生産財メーカーの営業における新規開拓のポイントは
①まず的確な「事業区分」と顧客分析がなされているか
②顧客毎に「産業システムマップ」が描けるか
③顧客タイプ別、事業特性別に攻め方が明確になっているか
④情報共有、営業プロセスの進捗マネジメントの仕組みができているか
である。
営業は事業システムの牽引車なのである。
そして組織・人材という歯車とうまく噛み合わさって初めて前進していくものである。

第7章 銀行の営業

――自立型銀行営業パーソンになる方法

1 はじめに

バブル崩壊以後金融機関の破綻が相次ぎ、金融再編に伴う変革の痛み・リストラ圧力の高まりを肌身に感じている銀行営業パーソンは多い。これまで大多数の銀行営業パーソンは与えられた毎月のノルマをこなすことに追われ、仕事以外のことをじっくりと考える余裕もなく過ごしてきたのではないだろうか。ところがこの数年、「成果主義」「目標管理制度」などをベースとした新たな仕組みが相次いで導入され、従業員はいきなり「自律」や「自立」を求められ戸惑っているのが実情であろう。

組織改革・BPR（Business Process Reengineering：ビジネス・プロセス・リエンジニアリング）などへの「変化への対応」や「自ら考え行動を起こすこと」を求められても、「会社が決めてくれないと動けない」という「自律・自立できない人」が圧倒的に多いのではないか。一方、若手層には「営業はきついからイヤ」という人間も多く、退職率も増加している。

人材の流動化は世の流れではあるが、銀行営業の仕事を通じて自立することはできないのか。どうすれば自立できるのだろうか。この問に対して、私たちの経験を踏まえ一つのキャリア・デザインを提示するのが本章の目的である。(1)

2　営業の宿命――ノルマとどうつきあうか

銀行営業パーソンを取り巻く環境の変化

銀行営業パーソンを取り巻くパラダイムはこの一〇年で大きく変化している。

第一にバブル崩壊後不良債権の処理に追われた銀行は体力の低下を余儀なくされ、その回復の目処は未だ立っていない。加えて、この二～三年以内に直接償却を柱とする不良債権処理の決着を求められており、銀行自体もリストラを断行せざるをえない状況に追い込まれている。

第二に日本版ビッグバンにより外資系金融機関および異業種の参入を受け、かつての護送船団方式に基づく横並びの発想では競合に打ち勝つことは不可能となった。

第三に顧客のニーズは多様化・高度化しており、顧客の抱える課題を解決することにより顧客満足を充足し、長期的に顧客とのリレーションシップを維持・拡大する「ソリューション営業」が求められている。

第四に環境変化に対応するための組織変革・人事制度改革が進められており、銀行パーソンにとっても従来の延長線上にない新たなキャリアパスを自ら切り開くことを求められている。

今、思えば過去の銀行営業パーソンは恵まれていた。本部の指示に従い単品のプロダクツをどこに売り込むかを考えることが求められ、当月の目標を達成しさえすればそれなりに評価・処遇されてきた。年功序列が重視され上司の指示に忠実に従う者が評価される傾向が強かった。また、行員の意識は、どちらかと言えば顧客よりも社内に向いていた。キャリアパスに関しては先輩・同期との相対比較の上で何年後には課長・支店長というコースが見えており大きなミスをしないことが大切であった。その後は銀行が再就職先まで面倒を見てくれるという暗黙の合意に基づき行員は黙々と目の前の目標達成に励むというのが一般的なパターンであった。特にバブル期には本部の要請が現場の実力以上に過大なものとなり、その要請に「深く考える」ことなく、その達成に邁進した銀行営業パーソンが多かったのではないだろうか。

ノルマに悩む銀行営業パーソン

銀行営業パーソンとして「若手」と呼ばれる時期は、本人も張り切っている上に上司や周囲もそれほど大きな期待は掛けていないので、案外気楽に取り組めるものである。しかし、ある程度経験を積み、「中堅」と呼ばれるようになると周囲の期待は次第に大きくなり、ノルマを必ず達成することが当然のように求められるようになる。ところが、この時期は本部の企画部門やディーラーなどで活躍する同期のうわさが耳に入り、急に周りの様子が気になったりするものだ。また、業務も一通り覚え、張りつめた緊張感が緩むのもこのころである。その結果、業務に集中できなくなり、毎月の成果にもムラができてしまうことになる。しかし、目指すべき次のステップは、支店の実績を安定的に達成することのできる「ベテラン」の職位である、特に銀行の場合、この職位を経験し通過することが、大切なキャリアパスとして暗黙的に認識されている。

ただ、この「中堅」、「ベテラン」へと成長を遂げるには、今までの経験とは異なった新たな何かが必要とされるようだ。それは、より専門的な銀行実務の知識やマネジメントの知識であることもあるが、それ以上に、自身を深く内省することである。つまり、自分と自分が対話することが必要となる。

ある銀行パーソンは、「銀行でのキャリア・アップには中堅の壁が存在する」と表現し、ノルマの重圧や自身の心の葛藤に苦しんでいたころの状況を次のように語ってくれた。

ノルマの数字が頭の中から一時も離れず眠れぬ夜が続く。疲れた身体を強精剤で無理やり奮い立たせようとするあまり、その量が次第に増えていく。休日でさえ身体がそれを欲しがるのを自覚するが、さすがに休日まで手放せない身体になるのはヤバイと考え我慢する。仕方なく横になって身体を休めようとするが今度は持ち帰りの仕事が気になってゆっくり休めない。そしてわが身をすり減らして当月のノルマを達成しても翌月にはまた新たなノルマが用意されており、この苦しみが永遠に続き体力と気力がやがて限界に達した時には自分は一体どうなってしまうのかという恐怖にも似た感情に襲わ

図7-1　セルフリーダーシップとは

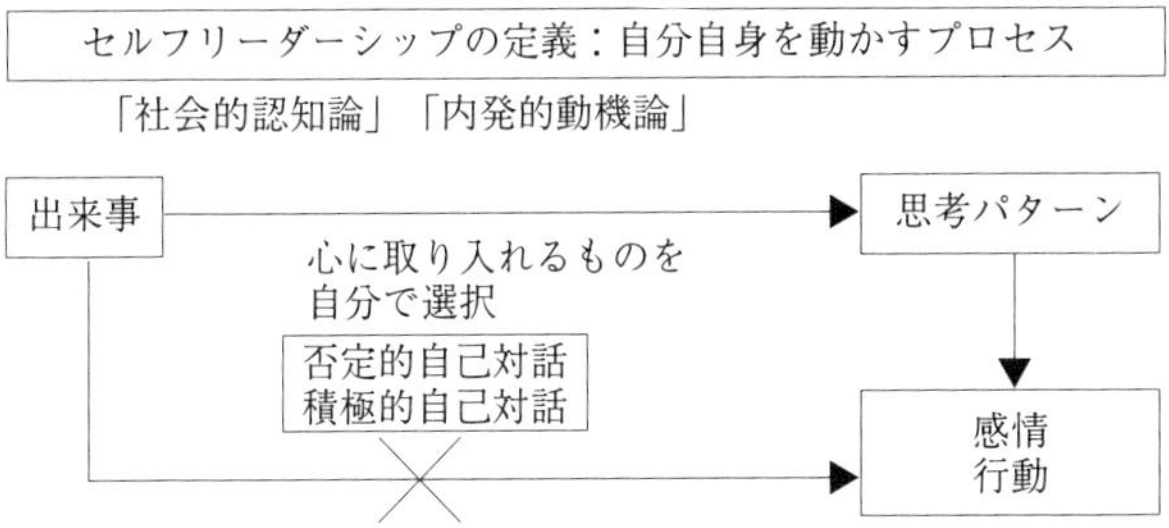

れた。

このような状況に追い詰められていた時に、何かに救いを求めて訪れた書店でふと一冊の本を手にしたのがその後の大きな転機となった。その本のキーワードは「セルフ・リーダーシップ」であった。

次にその「セルフ・リーダーシップ」の内容についてみておこう。

「セルフ・リーダーシップ」とは

「セルフ・リーダーシップ」とは、チャールズ・C・マンツ博士によれば「自分自身を動かすプロセス」と定義され、心理学では「社会的認知論」「内発的動機論」などの領域で取り扱われる。

一つの出来事から引き起こされる感情・行動は誰でも同じというものではなく、それは各人の思考パターンによって異なる。思考パターンとは、心に取り入れるものを自ら選択することであり、「否定的自己対話」と「積極的自己対話」の二通りがある（図7-1）。

次のような話を耳にした経験はないだろうか。二人のシューズメーカーの営業パーソンが未開の地に降り立った時に、その地の人々は皆裸足で靴を履く習慣がないことを知り、一人は「見込みなし」の電報を打ってさっさと帰国したのに対し、もう一人は「有望なマーケット」と報告したという話である。営業パーソンなら一度は聞いた経験があると思われるが、ここで大切なのは、この話の内容を自分に置き換えて実践してみようという「意欲」である。先の営業パーソンは次のように語ってくれた。

この「セルフ・リーダーシップ」という言葉を自分のものにできた時、それまであれほど苦しんだ「ノルマ」が、自分を成長させてくれる「目標」へと変わった。これに伴い、自分自身の意識の中で「やらされていた営業」が「やりたい営業」に変わり、思考パターンを変えることによって次のような点が自分自身の中で劇的に変わったのである。まず、「やらされていた営業」の時代は、前述の通りノルマに追われストレスフルな毎日であった。心身は消耗し、疲弊していった。毎月の目標達成だけを二四時間考え続けることを求められ、自分の将来・家庭のことなど仕事以外のことを考える余裕は与えられなかった。その結果、自己のノルマ達成のみを考え続ける視野狭窄・利己主義に陥り、次第に人間性・感受性は失われていったのである。

そのような状況が「セルフ・リーダーシップ」という言葉を知り、思考パターン・心構えを積極的なものに自ら変革することにより、「やりたい営業」に変えることが可能となった。

では、「やりたい営業」に変わるとはどういうことなのか。どのように営業を理解することなのだろうか。引き続き説明してもらうことにする。

まず、ノルマは目標へと変わり、自ら立てた高い目標は、その達成が自らの成長につながるチャンスであると受け止められるようになった。そして、仕事を通じて自己の成長を図り、自己の目標を実現させるためには今ここで何をすべきかを常に自らに問いかけるとともに、自己を見つめ直し視野を広く深く持てるようになった。また、顧客は単なるノルマ達成のための対象から、自らを鍛える機会を提供してくれるありがたい存在となった。それまで苦痛でしかなかった新規開拓は、尊敬できる経営者との出会いの素晴らしいチャンスに変わり、ワクワクする楽しい時間となった。また、仕事がすべての状態から自らの人生の中の重要な時間の一つと認識できるようになると、仕事は自らの中でOne of Themとなり、仕事を通じた自己実現を自らの信条と意識することで、いきいきと仕事を楽しむことが可能となる。そして細かい目標は気にならなくなり、むしろやって当たり前となる。大きな目標にチャレンジすることは自己の成長につながり、新たな分野への取組みは負担ではなく自己の幅を広げる格好のチャンスとなる。

ではどうすれば「セルフ・リーダーシップ」を身につけることができ、いきいきと仕事に取組むことができるのか。そのベースとなる「ヒューマンスキル」について次に説明しよう。

3　IT時代こそ「ヒューマンスキル」を見直そう

「ヒューマンスキル」とは

ミシガン大学教授ロバート・カッツはビジネスマンに必要なスキルを大きく三つに分類した「カッツモデル」をつくった。それは、専門知識・スキルを表す「テクニカルスキル」、問題を解決し企画・戦略を立案する「コンセプチュアルスキル」、最後に顧客や上司・同僚・部下などとの対人関係をうまく処理する「ヒューマンスキル」の三つのスキルからなる。

従来の銀行における企業内教育は財務分析・デリバティブの知識などの「テクニカルスキル」が中心であった。しかし、「ソリューション営業」が求められるようになり、単に「テクニカルスキル」だけでは顧客に真の満足を提供することが困難になりつつある。すなわち、銀行のプロダクツを強力にプッシュする「パワーセールス」の時代には、自行の商品・サービスを知っておけば事足りたが、現在では、まず顧客をよく知り顧客が何を望んでいるのかを知ることからスタートしなければならない。当然、顧客一人ひとり、一社毎のニーズは異なる。個人顧客も法人顧客も意思決定を下すのは人であり、人に関する知識・スキルを身につけることは時代の要請である。また、インターネットを通じていつでもどこでもメールで連絡が取れるIT時代こそ、いち早く顧客のニーズを摑むことが可能であり大切なことだが、そのためには心を摑むスキルが競合する他社との差別化の源泉となる。これからの銀行営業パーソンにとって、「テクニカルスキル」と「ヒューマンスキル」は車の両輪として具備すべき能力となる。いずれか片方が小さくては優秀な営業パーソンとは言えない。常に両輪をバランス良く大きく成長させてゆくことが重要である。この点に関しては、第2章「商品先物取引の営業」も銀行営業も業界を問わず基本は共通と言えよう。

営業は「信頼ポイント獲得ゲーム」と言い換えることもできる。顧客は商品・サービスに納得したから契約するのではなく、一人の人間としてのあなたを信頼したから契約することも多い。営業パーソンはついノルマに追われ、今月何とか契約を獲得することに目を奪われがちであるが、あせりは禁物である。

営業の基本は「顧客との信頼関係」である。顧客を知るにはどうすればよいのか。そのためにはまず自分自身を知ることから始める必要がある。

「あなたは自分の口癖を三つ言えますか」。この問いかけに即答できる人はきわめて少ない。気配り上手と言われる営業パーソンでも、いざ自分のこととなるとなかなか理解できていないものである。

交流分析（TA）とは

ここで、自分自身を知るための手がかりとなる一つの方法として交流分析を紹介する。交流分析とは、「トランザクショナル・アナリシス」の訳語であり、TAとも言われる（本文では、以下TAという言葉を使う）。

ＴＡは、精神分析の創始者として有名なフロイトの流れを汲むアメリカの精神分析医エリック・バーン博士によって開発された、新しい臨床心理学的な分析のシステムであると言われている。社会産業教育研究所岡野嘉宏所長によれば、ＴＡの狙いは、「自分自身が本来持っている能力に気づき、その能力の発揮を妨げている様々な要因を取り除いて本来の自分の能力の可能性を実現して生きること」とされる。そのような生き方は「自律性を達成すること」と表現され、そのためには次の三つの能力を高めることが必要であるとされる。

まず第一が「自己理解と気づき」である。自分のあるべき姿を明確化し、その方向に向かって自分を変えていくこと、つまり「成長すること」はまず「自分への気づき」から始まる。自己への気づきが増えるほど自己理解が深まる。自己を理解して初めて他者を本当に理解することができる。

第二が「自発性」である。銀行では従来本部が方針を決定し、現場はその定められた方針に忠実に従うことが求められる。しかし、変化の激しい今日では、現場に判断を委ねられるケースが増えているが、現場は判断できずに戸惑い、本部も従来のように単品のプロダクツを単純に推進できないという状態になっているのが実情であろう。このように、新たな状況に直面した時に身動きがとれないというのでは、「自発性」があるとは言えない。

第三が「親密さ」である。顧客あるいは職場の上司・同僚と誠実な関わり合いを持ち、お互いに信頼感や親密さを交換し合い、自分の中に生まれる温かさや心優しさなどを大切なものと感じながら生きてゆくことはとてもすばらしいが、職場や営業の現場でそれを実践することは難しいことでもある。他人

図7-2 交流分析とは

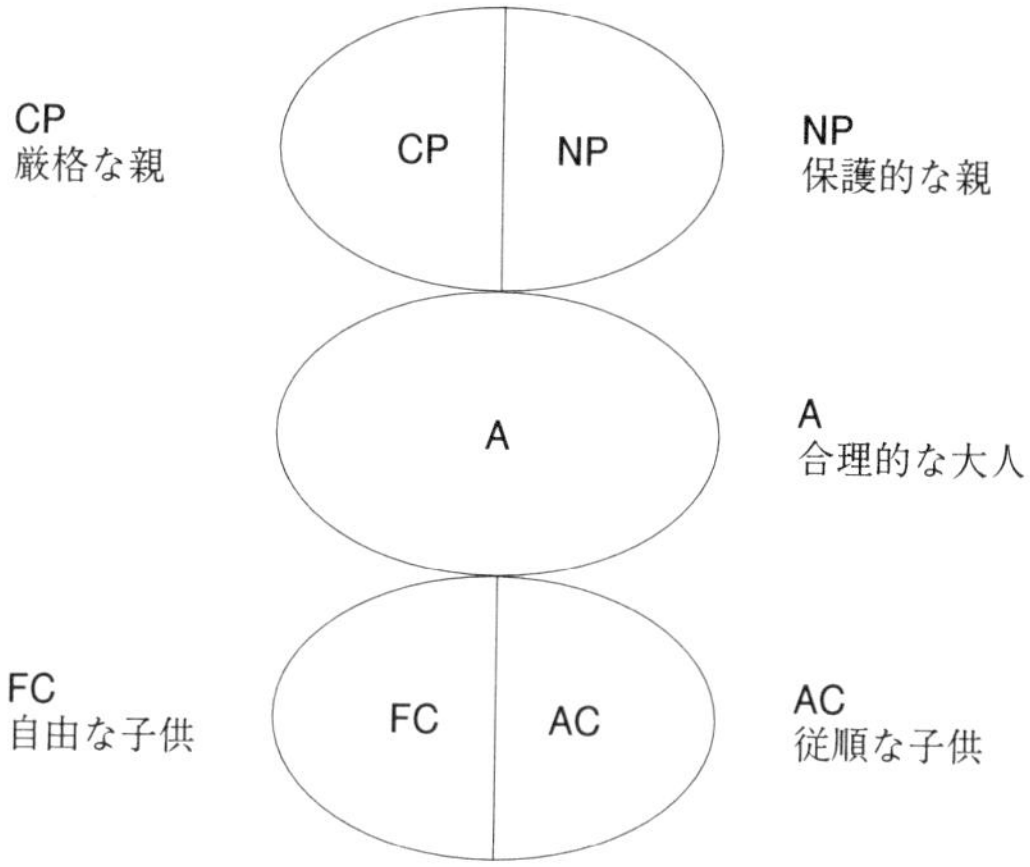

の心を変えることは難しいが「今ここに」いる自己を変えることは可能なはずである。

これら三つの能力を高めるための基本的な考え方として「自我状態分析」がある。自我状態の分析では自分の中に三つの異なった自分（自我状態）が存在し、それがその時々に顔を出すと言われている（図7-2）。

この自我状態を知るツールに「エゴグラム」がある。**図7-3**の五〇の問いに答え、その結果を**図7-4**の折れ線グラフに書き込むことにより、自己の自我状態を簡単に知ることができるので、一度チャレンジしてみることをお勧めする。そして、**図7-5**の「エゴグラムの見方」や**図7-6**の「各タイプの特徴」などを参考に、自らの特性・傾向を知ることから自己変容の手掛りを知ることができると言われている。

「自己理解」から「他者理解」へ

自己理解を深めた上で他者を理解することは、営業

図 7 - 3　エゴグラムに挑戦

白枠の中に「はい」は○，「どちらともいえない」は△，「いいえ」は×を書き込みます。
○は 2 点，△は 1 点，×は 0 点で計算して一番下の合計点を出します。

	質問	CP	NP	A	FC	AC
1	自分は思いやりがあるほうだと思う					
2	自分はわがままなほうだと思う					
3	仕事や生活の記録などをきちんととるほうである					
4	「わぁ」「すごい」「へぇー」など感嘆詞をよく使う					
5	人をほめるのが上手なほうである					
6	劣等感が強いほうである					
7	人の話をよく聞くことができる					
8	社会のルールを重視する					
9	好奇心が強いほうである					
10	人から気に入られたいと思う					
11	自分の損得を考えて行動するほうである					
12	動物を飼ったり植物を育てたりするのが好きである					
13	待ち合わせの時間は必ず守る					
14	娯楽やスポーツなどを楽しむことができる					
15	政治経済問題に関心がある					
16	人や自分をとがめることが多い					
17	遠慮がちで消極的なほうである					
18	他人の意見は賛否両論を聞き参考にする					
19	社会奉仕的な仕事に参加することが好きである					
20	身体の調子が悪いときは無理をしない					
21	思っていることは口に出さず抑えてしまう					
22	責任感を大切にする					
23	何事も計画を立ててから実行する					
24	気分転換が上手である					
25	人の顔色や言うことが気になる					

26	一般にしつけは厳しいほうがその人のためになると思う					
27	「おせっかい」と言われることがある					
28	理屈っぽく考える傾向がある					
29	理想を持ちその実現に努力する					
30	我慢強いほうである					
31	借りたお金を期限までに返さないと気になる					
32	情報を集め分析して考える傾向がある					
33	自分から人に声をかけるほうである					
34	人の期待に添うように無理をしてしまう					
35	誰とでも気軽に話すことができる					
36	困っている人を見ると何とかしてあげないと気がすまない					
37	人の言葉を聞かずに自分の考えを押し通そうとする					
38	調子に乗ってはめをはずすことがある					
39	能率よく仕事を片付けていくほうである					
40	相手の失敗や欠点に厳しい					
41	人にプレゼントしたりご馳走するのが好きである					
42	周囲の意見にふりまわされ自分で決められない					
43	欲しいものは手に入れないと気がすまない					
44	判らないことがあると人に聞いたり調べたりして処理できる					
45	「…すべきである」「…ねばならない」という言い方をよくする					
46	感情がすぐ顔に表れるほうである					
47	人と騒ぐより一人静かにしているほうが好きである					
48	ひらめきで判断したり行動したりするほうである					
49	同僚や後輩の面倒をよく見る					
50	最近「自分らしさ」を失っているように思う					
		CP	NP	A	FC	AC
	合計点					

（出典） 岡野嘉宏作成の社会産業教育研究所資料より許可を得て掲載。

図7-4　エゴグラム折れ線グラフ

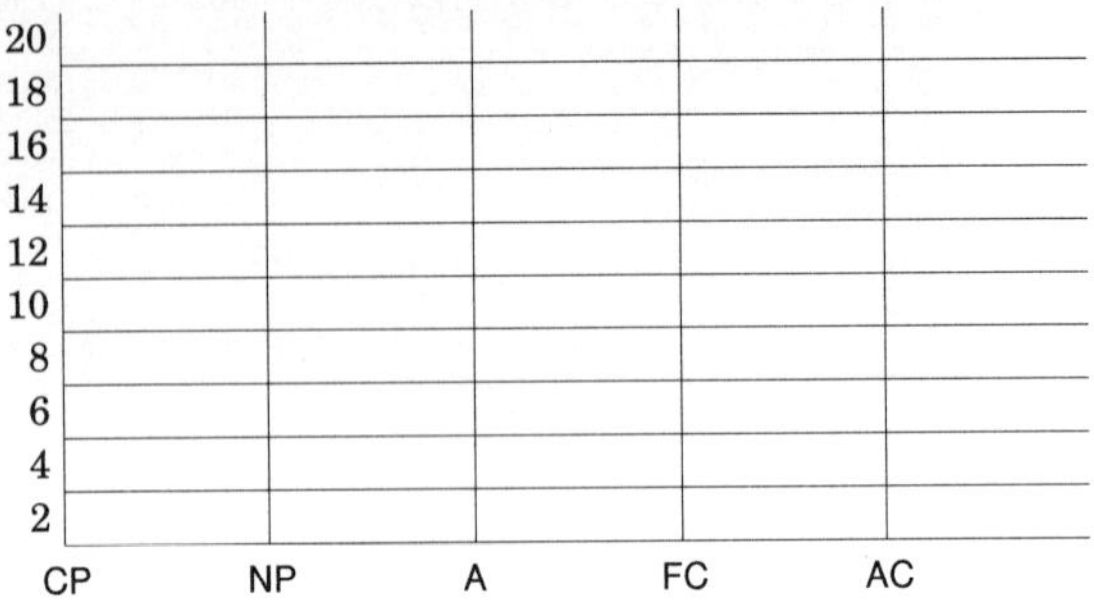

パーソンとしての顧客折衝に役立つ。顧客一人ひとりの動機・傾向は顧客の言動から観察・推測することが可能である。その上で顧客の動機・傾向にフィットした効果的なコミュニケーションを実践することにより、いち早く顧客の信頼を獲得し、ニーズや課題を探ることが可能となる。

コミュニケーションはキャッチボールにたとえることができる。相手のことを考えずに一人よがりで自分の好きな方向にボール（言葉）を投げるだけではキャッチボールは成り立たない。相手の状態を知り、相手の立場・感情を考えた上で、相手の受け止めやすい・返球しやすい言葉を投げかけることが円滑なコミュニケーションを実践する上での基本である。

4　自己マネジメントの手法

経営管理手法の応用

第3節で学んだ手法を使い、自己認知を深め自分自身の強み弱みに気づくことは、生き生きとした自分づくりのきっかけとなる。ここではさらに自己マネジメントを強化するのに役立つ具体的手法を紹介しておこう。

基本的な考え方は二つ。一つは企業の経営管理の考え方を自分自身に置き換えてみることと、あと一つは日常業務で徹底的に鍛えられているPLAN DO SEEのマネジメントサイクルを自分のために回すことである。

いずれも銀行営業パーソンにとっては日常業務を通じて身につけているはずのものであるが、第2節で見たようにノルマに追われ、自分自身のことを見つめ直す心の余裕がない状態では意外と難しいものである。もちろん一度に完璧なものは望めないが、重要なのは一度自分自身に焦点を当て、中長期的な視点に立ちじっくりと自分自身を見つめ直してみることである。

「自己マネジメント・ワークシート」のつくり方

それでは図7‐7の「自己マネジメント・ワークシート」に従って自分自身を発見する旅に出かけてほしい。

まず第一に自分自身をSWOT分析してみる。自己の強みは何か？　弱みは何か？　ここでは単に知識・スキルの類だけではなく、第3節のTAを学ぶことを通じて気づいた自己の内面的な特性をしっかりと認識する。また、外部環境の変化を敏感に捉え脅威となりそうな要因、逆にチャンスとなる可能性のある要因を把握しておくことも大切である。

第二に企業で言う経営理念、つまり自分自身の信条を書き出してみる。自己の信条を明確に持つ人は

図 7-5　エゴグラムの見方

得点が高い場合 ↑ 平均	CP	NP	A	FC	AC
アドバイス	完璧主義をやめ，相手の良いところや考えを認める余裕を持つ。 仕事や生活を楽しむようにする。	自分と相手の関係をできるだけクールにとらえ，おせっかいや過干渉にならないようにする。	何事も打算的に考えず，自分の感情や相手の気持ちなどにも目を向ける。	その時の気分や感情で行動せず，後先を考えるようにする。 ひと呼吸おいて行動するとよい。	感じたことを，ためらわず表現する。 自分に自信のあることから実行してみる。
マイナス面	・タテマエにこだわる。 ・中途半端を許さない。 ・批判的である ・自分の価値観を絶対と思う	・過度に保護，干渉する ・相手の自主性を損なう ・相手を甘やかす	・機械的である ・打算的である ・冷徹である	・自己中心的である ・動物的である ・感情的である ・言いたい放題である	・遠慮がちである ・依存心が強い ・我慢してしまう ・おどおどしている ・うらみがましい
プラス面	・理想を追求する ・良心に従う ・ルールを守る ・スジを通す ・義務感，責任感が強い努力家	・相手に共感，同情する ・世話好き ・相手を受け入れる ・奉仕精神が豊か ・弱い者をかばう	・理性的である ・合理性を尊ぶ ・沈着冷静である ・事実に従う ・客観的に判断する	・天真らんまんである ・好奇心が強い ・直感力がある ・活発である ・創造性に富む	・協調性に富む ・妥協性が強い ・イイ子である ・従順である ・慎重である

得点が低い場合

プラス面	・おっとりしている ・融通性がある ・ワクにとらわれない ・柔軟さがある ・のんびりしている	・さっぱりしている ・淡泊である ・周囲に干渉しない	・人間味がある ・お人好し ・純朴である	・おとなしい ・感情に溺れない	・自分のペースを守る ・自主性に富む ・積極的である
マイナス面	・いいかげんである ・けじめに欠ける ・批判力に欠ける ・規律を守らない	・相手に共感，同情しない ・人のことに気を配らない ・温かみがない	・現実無視 ・計画性がない ・考えがまとまらない ・論理性に欠ける ・判断力に欠ける	・おもしろ味がない ・暗い印象を与える ・無表情 ・喜怒哀楽を素直に出さない	・相手の言うことを聞かない ・一方的である ・近寄り難い印象を与える
アドバイス	自分自身に義務を課し，責任を持って行動するようにする。物事のけじめを大切にする。 批判力を育てる。	できるだけ相手に思いやりを持つように努力する。 家族や友人にサービスをする。 ペットの世話をする。	情報を集め,様々な角度から物事を考える。 うまくいかなくても自分で答えを出してから人に相談するようにする。	気持ちが内にこもらないようにできるだけ陽気に振る舞って気持ちを引き立る。 スポーツ，旅行，食べ歩きもいい。	相手の立場になって考えたり，相手の意見を聞く。 相手をたて，尊敬する。 他者優先の態度を身につける。

（出典） 図**7－3**に同じ。

図7-6　各タイプの特徴

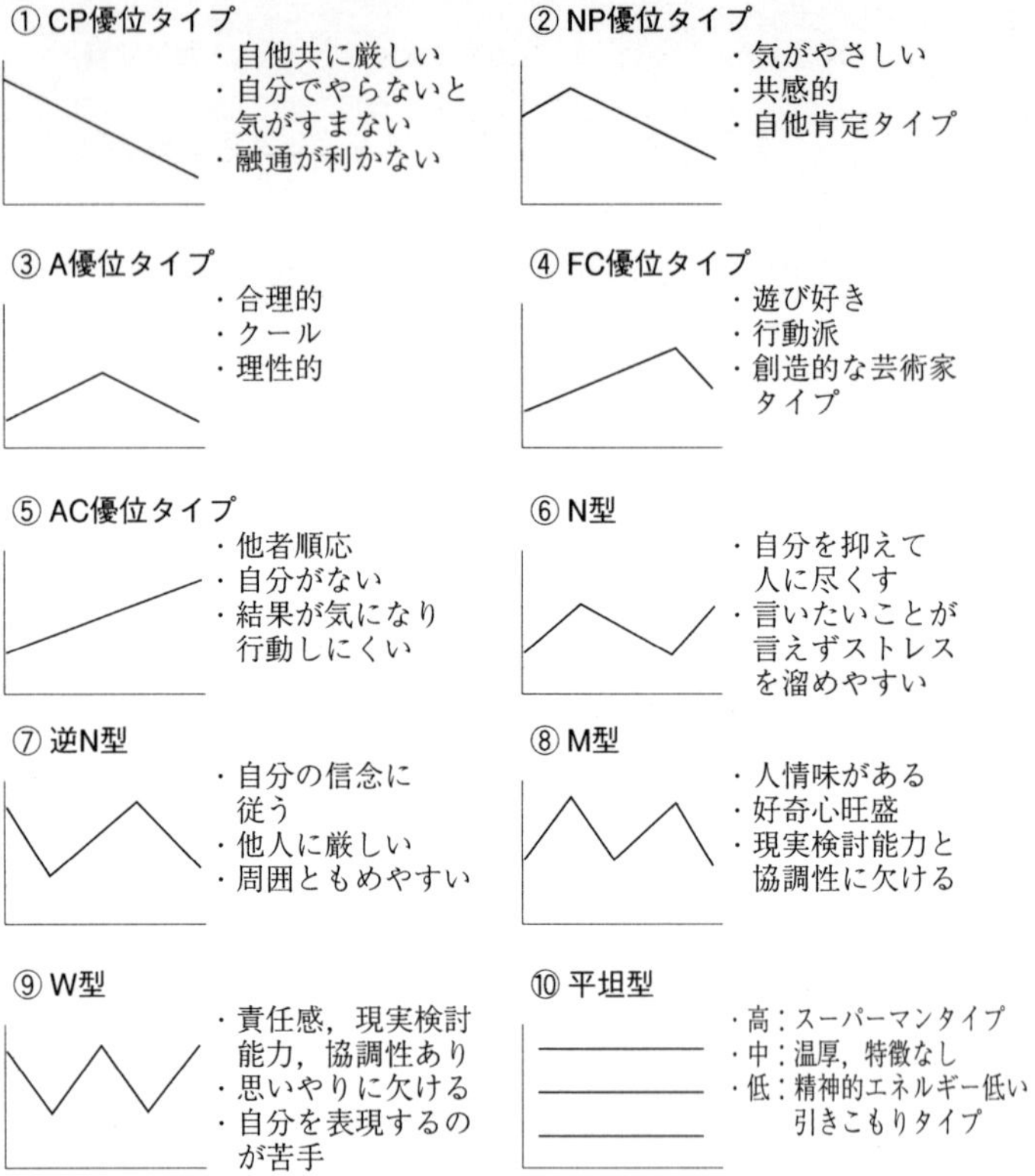

（出典）　図7-3に同じ。

図7-7 自己マネジメント・ワークシート

1. 現状の SWOT 分析 年 月 日作成

自己	強み（STRENGTH）	弱み（WEAKNESS）
外部	機会（OPPORTUNITY）	脅威（THREAT）

2. 経営理念（自分の信条）

3. 目標

短期（1年後）	中期（3年後）	長期（10年後）	グランドデザイン（30年後）

4. 目標実現の戦略・戦術

戦略	
戦術	

5. あなたのステークホルダーは

6. 自分自身の棚卸

できること	したいこと	すべきこと

7. 行動計画

	過去	現在	1年後	3年後	10年後	（ 年）	30年後
自分		（ 年）（ 歳）	（ 年）（ 歳）	（ 年）（ 歳）	（ 年）（ 歳）	（ 年）（ 歳）	（ 年）（ 歳）
妻		（ 歳）	（ 歳）	（ 歳）	（ 歳）	（ 歳）	（ 歳）
子供		（ 歳）	（ 歳）	（ 歳）	（ 歳）	（ 歳）	（ 歳）
子供		（ 歳）	（ 歳）	（ 歳）	（ 歳）	（ 歳）	（ 歳）
親		（ 歳）	（ 歳）	（ 歳）	（ 歳）	（ 歳）	（ 歳）
義親		（ 歳）	（ 歳）	（ 歳）	（ 歳）	（ 歳）	（ 歳）
家庭							
自己実現							
仕事							

8. 自分でマネジメントサイクルを廻せ PLAN → DO → SEE

判断の軸がぶれず行動が目的志向となり、周囲の信頼も高まるだろう。顧客から見ても、常に会社の方を向いて仕事に取り組む銀行営業パーソンと、自分自身に誇りを持ち一人の人間として信頼しうる銀行営業パーソンとどちらとつき合いたいと思われるであろうか。

第三に自分自身の今後の目標を具体的にイメージしてみる。ただし、上司から与えられた目標ではなく自分のために自らの意志で立てる目標である。ここではすべての制約を取り払い、大胆かつ自由な発想で思い描こう。また、目標は短期の目標だけではなく三年後の中期目標や一〇年後の長期目標に加え三〇年後のグランドデザインも立ててみる。変化の激しい時代にそんな先のことまで分からないという人ほどチャレンジしていただきたい。

例えば、ユニクロの柳井社長は次のように述べている。「誰も未来を予測することはできない。できるのは自らの目標に向かって行動し、未来を自ら築いてゆくことだけである」と。

普段まったく考えたことがない領域をいきなり考えるのはかなり苦痛であるが、この部分は後で触れるＭＢＯの運用力を高めるトレーニングにつながるので重要である。

第四に目標が明確にイメージできたら、その目標を実現するための自分なりの戦略を練る。そしてさらに戦術レベルに落とし込んでいく。

第五は少し視点を変えて、あなたにとってのステークホルダー（利害関係者）は誰なのかを考えてみよう。仕事に追われる日々に埋もれて忘れがちであるが、企業内以外にもあなたの周りには喜びや悲しみを分かち合える人がいるはずである。

第六に自分自身を「できること」「したいこと」「すべきこと」の三つの切り口でもう一度棚卸してみよう。ここまでくれば、以前よりもずっと自分自身に対するイメージが明確になってきたはずである。そしてこの三つの領域をいかに調和させていくかが今後の方向性を定める指針となる。

最後にこれまでのワークシートの作成によって明確になってきた「現状の自分」と「ありたい自分」のギャップを埋めるために必要な、今後の具体的な行動計画を策定する。その際に「家庭」と「仕事」の二本柱に加えて「自己実現」という新しい柱を立てる。従来は「仕事人間」あるいは「マイホームパパ」などとどちらか一方に偏りがちであったが、これからは自己を中心軸に据えて全体の最適調和を図るといった考え方が大切になろう。そうすることにより、周囲に流されることなく、見えないストレスに脅かされることなく、納得のいく人生を自らの手でつくりあげていくことが可能になると期待されるからである。もちろんすべてが思惑通りに運ぶことはありえないが、大きなフレーム（長期的な目標や戦略・戦術の枠組み）が定まっておれば、状況が変わった時点で柔軟に見直せばよい。

明確な目標に向かって計画的・効率的に過ごす時間と目標意識を持たずに受身で過ごす時間との差は、長い時間で見れば大きなものとなる。あとは毎日の業務を通じて身につけたPLAN DO SEEのマネジメントサイクルを自分自身のために回すだけである。

また、銀行営業パーソンは毎月の厳しいノルマに追われ、短期思考・視野狭窄に陥りやすいのではないだろうか。視野を広げバランス感覚を取り戻すために、一度社外の交流会に参加してみることをお勧めしたい。日常の職場生活では得られない異種多様な価値観に出会うことができよう。

5　仕事と個の関係――銀行営業パーソンのキャリアと個の確立モデル

MBOの考え方

最近世の中の多くの企業で「成果主義」の導入が進み、銀行もその例外ではない。その「成果主義」の基本となる考え方に「目標管理制度」がある。これは「MBO（Management by Objectives）」の訳語であるが真の意味でのMBOが定着している例は少ない。

これまでの銀行における管理は、上司が決めた目標（ノルマ）を、上司が組織のために管理するものであったのに対し、これから目指すべき管理は、部下が自分自身で決めた目標を、部下自身が自分自身のために自己管理するものである。この意味において従来型の管理はいわば「ノルマ主義」であり、本来の意味の「成果主義」とは似て非なるものであると言える。

「成果主義」と「個の確立」

「成果主義」は、頑張った人には手厚く、そうでない人にはそれなりの処遇を行い、「年功序列主義」の弊害を打破すると同時に従業員の納得感を高める切り札として導入されたはずであるが、運用次第では逆に従業員の意欲を低下させるリスクを内包する。

従来の銀行では、日々のトレースは厳しい「ノルマ主義」である一方、最終的な個人別の評価を明確にフィードバックするよりは、組織全体のまとまりを重視する「大家族主義」で組織が運営されてきた。ところがMBOが始まっても、上司が全体目標を適当に割り振り部下はそれに黙って従う習慣から脱却できず、期末になって初めて個別の目標達成率を基準に評価される事実に戸惑うことになる。そもそもの目標設定の基準が曖昧であれば、担当地域・担当顧客の違いや、全体の中での負担感のばらつきなどが原因で不満が出る事態に陥ることが多い。

この問題の原因は二つある。一つは、上司のコミュニケーション能力の不足である。MBOでは、期初の目標設定の納得性が大きな鍵となるが、上司は従来の割り振りの発想から抜けきれずに、部下とのツーウェイコミュニケーションを行わずに上意下達のスタイルで決めてしまいがちである。この点に関しては、上司のコミュニケーション能力の強化に関する企業側の継続的な取組みが課題である。

もう一つは部下サイドの「自律・自立」意識の未熟さによるものである。上司から与えられたノルマは、見方を変えると自分で目標を決めなくて済む分ある意味では楽である。自分の目標を自分で決めることは、「自律・自立」の基本であるが、この意識が未発達な場合には、かなりつらい作業となる。自分で決めるということは、その成果に対する責任も自身で受け止める覚悟が求められる。顧客・環境など外部要因のせいにする言い訳は許されない。

「成果主義」と従業員サイドの「個の確立」は車の両輪にたとえることができる。いきなり「成果主義」が導入されてもうまく機能しないことが多い。その制度を円滑に運用するには、前述のような課題に対する「個の確立」に資する企業サイドの支援制度が必要である。

「終身雇用制の崩壊」「価値観の多様化に伴うフリーターの増大」など、雇用・働くことの意味が変化しつつある。銀行でも近年「キャリア」を主体的に開発してゆくことが求められている。従来は、銀行のために滅私奉公した暁には、銀行が再就職先の面倒を見てくれる「大家族主義」が可能であったが、組織のフラット化に伴う支店長ポストの激減・企業との人的関係の考え方の変化、さらには金融再編によるリストラ圧力の増加などに伴い、旧来のシステムの維持はもはや限界に近づいている。

MIT教授E・H・シャインによれば、「キャリアとは、生涯を通しての人間の生き方・表現」であり、「組織の要求と個人の要求の調和」が重要であると指摘している。銀行を取り巻く環境が大きく変化する中、そこで働く個人もその変化に対応して調和を取っていかなくてはならない。では、銀行営業パーソンはどのように調和を図ってゆけばよいのだろうか。

まずは、組織目標と自らに期待される役割をしっかりと認識することである。その上で、個人としての目標を明確化し、その両者を自分の中でしっかりと結びつけ、「仕事を通じた自己実現」を目指すことである。

第2節「セルフ・リーダーシップとは」の項で見たように、銀行営業パーソンという職業は法人・個人を問わず、顧客の価値創造に貢献すると同時に仕事を通じて自らを成長させることが可能なすばらしい職業である。この特性を踏まえて、志向すべき「キャリアゴール」を想定すると、「プライベート・バンカー」を候補の一つとして挙げることができる。

プライベート・バンカーとは、顧客との深い信頼関係に基づき、あらゆる課題に対する相談に乗る専門性と経験を有する「究極の銀行営業パーソン」像とも言える。そこには、従来の銀行営業パーソンの目標であった、ゼネラリスト・管理職としての支店長でなく、常に顧客を見据えた新しい銀行営業パーソンの姿をイメージすることができる。

6　おわりに

最後に、「仕事と個の関係」を表したモデルについて解説しておこう（図7-8）。

今までの銀行営業パーソンは、あえて強調した表現を使うと、有能な人材にもかかわらず、組織に埋没した存在に陥りやすく、「自律・自立」の意識が十分に発達する機会に恵まれていなかったのではないだろうか。かなり厳しいノルマ主義、独特のキャリアパス制度、徹底した上意下達の風土など、これまでの銀行の組織や管理システムを想定すれば理解のできることである。この点は、多少なりとも他業界においても指摘できることであるが、私たちの印象では、業界事情があるとはいえ、かなり銀行ではこの傾向が強い。

したがって、本章でも見たように、上司から与えられたノルマをひたすら達成するために「やらされている営業」に日々黙々と取組んでいる人々が多いのではないだろうか。この点は、研究会やインタビュー調査において、「家庭を顧みる時間がない」といった意見とともによく指摘されることである。

図7-8　個の確立モデル

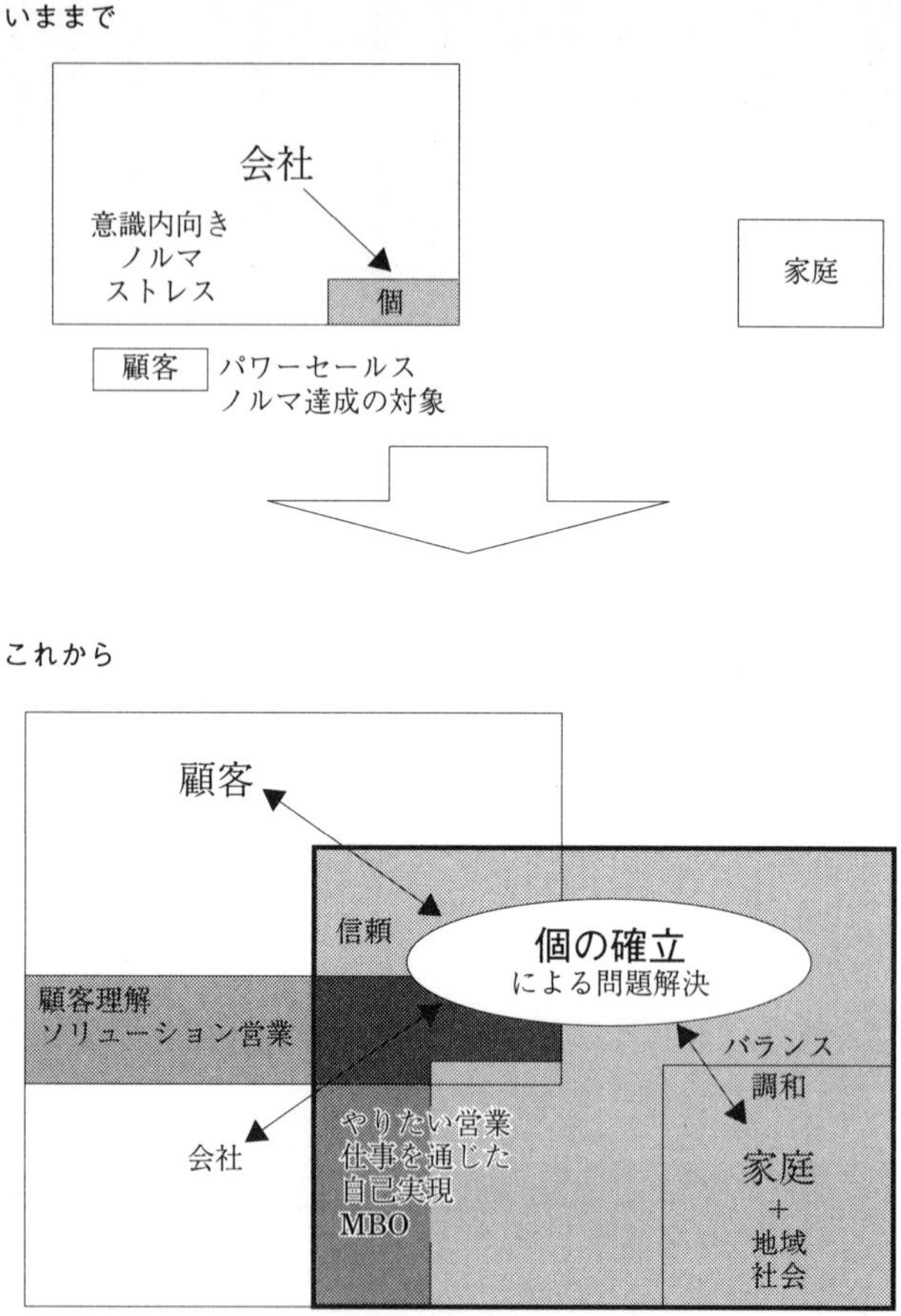
いままで
会社
意識内向き
ノルマ
ストレス
個
家庭
顧客
パワーセールス
ノルマ達成の対象
これから
顧客
信頼
個の確立
による問題解決
顧客理解
ソリューション営業
バランス
調和
会社
やりたい営業
仕事を通じた
自己実現
MBO
家庭
+
地域
社会

今後の銀行営業には「ソリューション営業」が必要とされる。そのためには、顧客志向の営業パーソンを育成しなければならない。その際に重要となる鍵概念が「個の確立」だというのが、本章の主張である。

その育成によって、「やらされていた営業」は「やりたい営業」に変わり、意欲的にそしてキャリアを意識しながら仕事に取組むことにより、仕事を通じて自己の成長を図る「仕事を通じた自己実現」が可能となるのではないだろうか。従来は、仕事に追われるあまり、充分に対応できなかった「家庭」や「地域・社会」との関わりも、個の幅を拡げることにより、自分自身の中でバランスをとりながら選択肢も多様化させることが可能になるのではないだろうか。

このように、「個の確立」は、営業スタイルを改革するだけでなく、営業パーソン自身のキャリアデザインにも様々な可能性を与えることになろう。

注

（1） 本章は、銀行営業研究部会が銀行の営業のあり方について検討したものである。現役の行員を始めコンサルタントなどが参画し、インタビュー調査や文献調査を積み重ねてきた。この研究部会の成果を、最終的に太田一樹がとりまとめたものである。

第8章 営業担当者を起業家にする方法
——ワコールの「事業戦略ゼミナール」

1 プロローグ

プレゼンテーション

二〇〇一年四月一四日土曜日、ワコール本社の会議室では、事業戦略ゼミナールの成果発表が行われていた。事業戦略ゼミナールは、新規事業立案のスキルの修得を目的として、三年前より行われている自主参加型の研修である。当日は四カ月間続いた研修の最終回、チーム毎に新規事業提案を発表する場である。

受講者は総勢一〇名で、三チームに分かれ、それぞれ三〇分程度の発表を行う。聞き手は、事業戦略室担当役員を始め、人事部、研究部門、財務部門などのマネージャークラスが、次の事業展開に向けてのアイデア発掘のために、真剣な面もちで発表に聞き入っている。彼らは、当ゼミナールを応援する

「サポーター」でもある。また、すでに当ゼミを受講した「ＯＢ」も顔を見せている。皆休日にもかかわらず、自主的に集まったメンバーである。

プレゼンテーションは、各チームともパソコンソフトを駆使した、完成度の高いものだ。四カ月前にはほとんど触ったことがなかったソフトを、自分の手足のように活用している。写真やグラフはもちろんのこと、人脈を活かしてデザイン画やスケッチなどをつくり込んでくるチームもある。「癒し」をテーマにしたチームは、場の雰囲気づくりのために、小鳥のさえずりのＢＧＭを流している。

「話を聞いている限り、とてもうまくいきそうなプランだと思いますが、こういう場合は撤退するという、撤退ポイントを教えてください」。聞き手のチームから、様々な質問が投げかけられる。一つひとつの質問に対し、プレゼンターが自信たっぷりに、時にはしどろもどろになりながら説明する。

本章では、ワコールが社内起業家の育成を目指し、四年越しで実施している事業戦略ゼミナールの事例を紹介し、営業担当者を起業家マインドを持った戦略家にする方法論を紹介する。

ゼミ発のインターネットビジネス

当ゼミ発のビジネスが、二〇〇〇年八月に立ち上がった、インターネットの通信販売である。その推進者が、カタログ販売事業部営業企画グループ専任課長の森田達也氏だ。彼は、九九年夏に行われた当ゼミでのプレゼンテーションが認められ、役員会で再度発表した後、インターネット事業の専任者に任命された。会社設立以来初めて、ＢＧＭつきのプレゼンテーションを役員会で行い、プレゼン終了後に

図８－１　新規事業のプレゼンテーション

は役員から拍手が起こったという逸話が残っている。

二〇〇一年四月現在、ショッピングサイトの「Wacoal Online」（http://www.e-shop.wacoal.co.jp/）を始め、ネット上で試着を実現するというコンセプトで開発された「Fit navi」（http://www.e-shop.wacoal.co.jp/fitnavi/）、ボディに関する情報を提供する「ばでなび」（http://www.wacoal.co.jp/solutions/bodynavi/）、美に関する有料心理学診断サイト「美の審判」（http://www.wacoal.co.jp/solutions/beauty/）と、様々なサイトを立ち上げ、生活者との接点拡大を目指している。その勢いは、今や業界をリードするほどである。

インターネットビジネス以外でも、事業戦略ゼミ発の様々な企画が検討段階に入っている。単なる研修を超えた、新しい事業企画の発射台として期待されている。

図8-2　ワコール・オンライン，ばでなび，美の審判（上から）

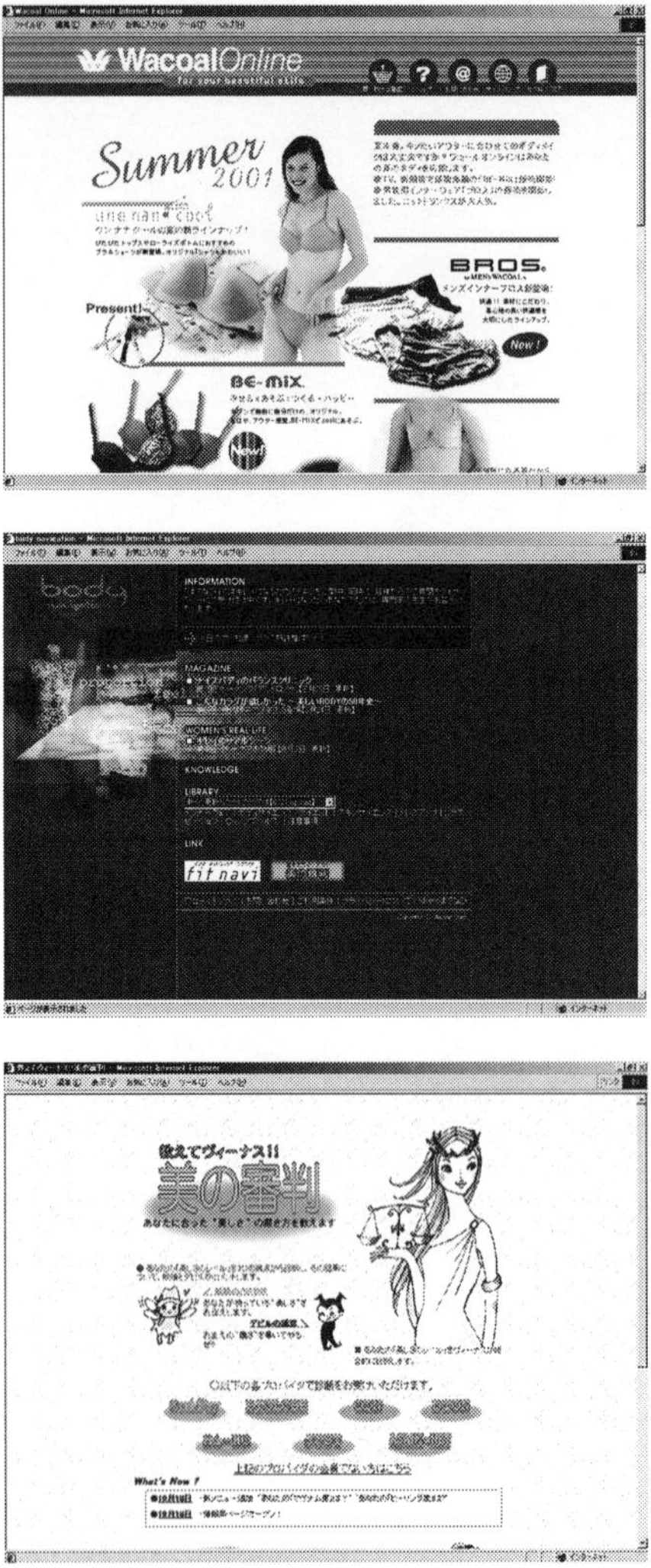

2 事業戦略ゼミナール開催の背景

漂っていた閉塞感

事業戦略ゼミが始まる前年の九七年、ワコールでは深刻な悩みを抱えていた。三〇代の中堅社員の退社が相次ぎ、社内全体に閉塞感が漂っていたのである。

彼らが入社した八〇年代、ワコールは多角化を推進するまっただ中にあった。早くから進出していたアジア地域のビジネスはすでに軌道に乗っており、さらにアメリカ、中国、フランスと世界規模でのワコールブランドの展開を図るとともに、国内ではインナーウェア以外の分野に進出するなど、大きな未来を予感させていた時代であった。当時の新入社員の多くは、多角化の可能性に魅力を感じていた。

しかし、バブル期以降、国内の新規事業のほとんどから撤退し、既存ビジネスであるインナーウェアに経営資源を集中する方針に転換した。当時の話題となったスーパーカーの開発を始め、イタリアンテイストの紳士服、ファストフードなどは採算ラインに乗らず、やむなく撤退するに至った。インナーウェアは、成熟しているが故に堅調な事業である。経営基盤は盤石であったが、新規事業撤退の事実は将来のビジョンを不透明にし、ボディーブローのように社員の活力を落としていた。

また、事業の成熟化は、社員のキャリア形成にも影響を与えていた。入社当時から仕事の幅が広がらないまま三〇代を迎える社員も少なくなく、一世代前の層とは、経験の幅と奥行きに明らかに開きが生じていた。このような中で、仕事に対するビジョンやモチベーションが低下しつつあった。

打開策としての新規事業立案

九七年夏、筆者は当時の人事部長であった市橋一昭氏（現常務取締役）より相談を受けた。中堅クラスのモチベーションを上げ、将来の幹部候補を育成する方法を提案してほしい、というのがその内容であった。特に総合職社員の多くを占める営業部門のメンバーにとって魅力のある内容にしてほしいとのことであった。

筆者は、本業では成功体験を持っているが故に、変革の気運が生まれにくいこと、社員の意識として新規事業への期待があること、財務的に新規事業へ投資する資金的余裕があることなどから、再び新規事業の可能性が見えるような仕掛けを提案した。その一つが新規事業を提案できるスキルを身につける研修である。単なる座学ではない、受講者と講師（当ゼミではコーディネーターと呼称）の知識を交流して新たな知恵を創発する、ワークショップ型の研修「事業戦略ゼミナール」がスタートすることになった。

3　事業戦略ゼミナールの内容

カリキュラムの概要

九八年一月より、事業戦略ゼミナールがスタートした。二〇〇一年現在まで、毎年本社地区（京都）と東京地区の二カ所で一コースずつ開催されており、受講者総数も約七〇名となっている。カリキュラムの概要は次の通りである。

・隔週土曜日（月二回）、終日開催する。会場は社内の会議室を利用する。
・一コースは七回のセッションで構成され、最終回には新規事業提案のプレゼンテーションを行う。
・受講者は人事部が打診するが、原則として自主参加、テキスト代は自己負担とする。業務上その他で受講を拒否する場合も当然あるが、その際人事部としてマイナス評価とはしない。
・受講者は三〇代が中心である。これまでの最年少者は二七歳、最年長者は三九歳である。
・所属部門は営業部門だけではなく、企画部門や開発部門など多岐に渡っている。

各セッションのテーマ

七回の各セッションは、次のようにテーマが定められている。

表8-1　事業戦略ゼミカリキュラム

タイトル	内　容
①マーケティングの基礎	事業戦略の核となるマーケティングの基礎を学ぶ。
②コア競争力	競争優位の概念を学び，自社の強みは何かを議論する。
③ビジネスシステム	理論や先進事例を通し，事業システムの知識を深める。
④財務戦略	有価証券報告書などの情報を基に，企業戦略を読みとる。
⑤自社ケーススタディ	自社の新規事業のケースから，教訓を導く。
⑥新規事業提案の作成	ビジネスプランを作成する。
⑦新規事業提案プレゼンテーション	ビジネスプランをプレゼンテーションする。

①マーケティングの基礎

事業戦略の核となるマーケティングの考え方を学ぶ。顧客の目を通した製品・サービスの実状を感じ取るセンスを身につける。

②コア競争力

競争相手との比較優位に注目する競争力概念を学ぶ。特に、自社の強みは何か、どのような技術が蓄積されているかの議論を通し、自画像ならぬ「自社像」を描き出す。

③ビジネスシステム

マーケティングプランを実現するビジネスシステムについて、基礎理論と他社事例を通じて学ぶ。現在の事業活動の多くは製品間競争ではなく、システム間競争であることを理解し、自社の通念にとらわれないビジネスモデルを組み立てるスキルを磨く。

④財務戦略

自社とケース企業（他社）の有価証券報告書を分析し、企業経営における財務の役割を学ぶ。また、財務諸表や新聞記事などから他社の戦略仮説を導くスキルを学ぶ。「計算」ではない、経営に求められる財務感覚を磨く。

⑤自社ケーススタディ

自社の事業を対象にケーススタディとして編集し、新規事業を立案する際の教訓を導き出す。過去の経験を建設的に批判し、これからの事業展開の参考とする。

⑥新規事業提案の作成

チームに分かれ、プレゼンテーションに向けて提案書を作成する。多くの場合、想定顧客に対するマーケティング・リサーチを行い、机上の空論に終わらないようにする。

⑦新規事業提案プレゼンテーション

チーム毎に新規事業提案をプレゼンテーションする。聞き手にまわるチームは「新規事業担当役員」の立場で、評価を与える。事務局に検討の価値ありと判断された提案は、さらにブラッシュアップされ、役員会に提言する機会が与えられる。

カリキュラムのコンセプト

カリキュラムを設計するに当たり、当ゼミの目的を「ビジネスをシステムとして考える思考を身につけること」と定めた。新規事業を、思いつきのレベルから提案レベルに昇華させるためには、個人の努力を超えた一連のシステムとして事業を組み立てる必要がある。事業全体を仕組みとして捉える思考は、本業の成熟化に伴い、日常業務で修得することがきわめて困難になっている。部分としての各業務が、有機的に結びつくシステムを設計する思考、言い換えれば目線を高い位置に置く「鳥の目」を持つことを、当ゼミの目的とした。

ゼミナールの冒頭では、「ゼミを行う土曜日だけは、経営者の頭に切り換えよう。経営者を演じるという気構えで挑もう」と話している。いろいろな事情がまとわりついた現実から少し距離を置き、クールな目で事業を設計してみよう、ということである。

なお、カリキュラムの特徴をまとめると、次のようになる。

①レポートのアウトプットを中心とする。

当ゼミは、最終回のプレゼンテーションが縦糸となり、すべてのセッションが事業提案作成のための準備と位置づけられる。

また、隔週で行われるセッションには、毎回必ず全員にレポートを課す。二週間という期間でレポートを作成する過程が、当ゼミの中心である。レポートは、テーマに従い、自らの体験やヒアリングをもとに作成する。セッションは、レポートをもとにしたディスカッションと講師からのアドバイスが中心となる。レポートの作成を四カ月続けることで、日常生活の中で情報を収集し、自らのアイデアや仮説をアウトプットする習慣が身につく。研修会場にいる間は分かったつもりでも、自分の席に戻るときれいに学んだことを忘れてしまう、という研修とは一線を画す方法論である。マーケターは、何気ない日常生活からヒントを得る。日常の生活態度を変えることなくして、マーケティング・マインドは身につかない。

②新しい発想が起こる方法論を提供する。

マーケティング活動は、結局は顧客に訴えるアイデアが必要になる。理論ばかりお勉強したところで、具体的なアイデアがアウトプットされなければビジネスとは言えない。

当ゼミでは、理論はアイデアを生むための手段と位置づけている。理論は、様々なものの見方や整理方法を提供する。いろいろなものの見方を学ぶことで、何気なく接していた情報が、とたんに意味を持つようになる。

例えば、「コア競争力」という考え方は、自社の本質的な強みは何か、というコンセプチュアルな発想を誘発する。ぼんやりとしていた「強み」のイメージを、具体的に記述しようと試みるようになる。ある特徴的事実を取り上げ、それは「コア競争力」か否かいう議論が起こり、自社が将来へ向かってどの方向へ行くべきかの仮説を持つようになる。これは、実は経営者であれば常に考えていることである。

新しい発想をもたらすもう一つの方法が、新しい情報を提供することである。特に、他社の事例はイマジネーションを掻き立てやすい。現代は、多くの情報を新聞やインターネットで取得することができるが、通り一遍の情報で通り過ぎてしまうことが多い。当ゼミでは、参考事例を詳細に解説することで、エッセンスを自社に適用可能かどうかの検討を促す。

③自社を積極的に題材にする。

大学院などの外部研修機関のプログラムと大きく異なるのが、自社を積極的に取り上げることである。自社は最も身近なケーススタディ対象である。例えば、多くの企業は創業当時ベンチャー企業だったわけで、そのころの状況を視点を変えて議論することで、リアルな経営の臨場感を感じることができる。社内で言い古されている事例でも、改めて経営者視点に立つと、実に新鮮な感覚で創業者のアイデアとパワーを感じることができる。また、近年立ち上がった自社の新規事業も重要なケースである。自分がリーダーであった場合、どのような戦略が考えられるかを議論する。岡目八目の利点を存分に活かし、「建設的に過去を批判する」ことで、経営者発想が磨かれる。

さらに、社内ゲスト講師を招き、日常ではなかなか開示されない技術情報や、財務戦略などをオープンにし、ディスカッションする。新規事業を考えるための自社の経営資源について理解を深めると同時に、社内人脈の形成を目的としている。

④情報の鮮度を大事にする。

他社事例に関しては、社内で注目されている企業を積極的に取り上げる。また、最新の情報提供を心がけ、カリキュラムの陳腐化を防いでいる。

最近の市場状況の変化はめまぐるしく、提供する情報を常に更新していかないと、実ビジネスには役に立たないものになってしまう。ビジネスの実践に貢献するカリキュラムとして、情報の鮮度を保つことは必須である。

4 評価と今後の展開

受講生の評価

これまでの受講生へのアンケート（サンプル数三二）およびヒアリングから、当ゼミは以下のような高い評価が得られていることが分かる。

①高い満足度

当ゼミの満足度は、ほぼ全員が「大変良かった」および「良かった」であり、カリキュラムに対する評価は高い。

②新規事業提案することが最大の特長

他の研修と比べ、当ゼミの優れている点（複数回答）としては、「事業提案のプレゼンテーションをすること（九四％）」が最も多く、「さまざまな部門の受講生がいること（五六％）」、「社内講師の講義（四七％）」と続く。このことから、具体的に新規事業提案することが当ゼミの最大の特長というのが分かる。また、社内情報の交換・共有の場としての価値が高いことを示している。

③継続した新規事業提案意欲

今後も新規事業提案を続けていこうと思うか、という質問に対し、ほぼ全員が「是非提案したい」・「機会があれば提案したい」としており、事業提案に対する取り組み方が積極的になっていることが分

図 8-3　満足度

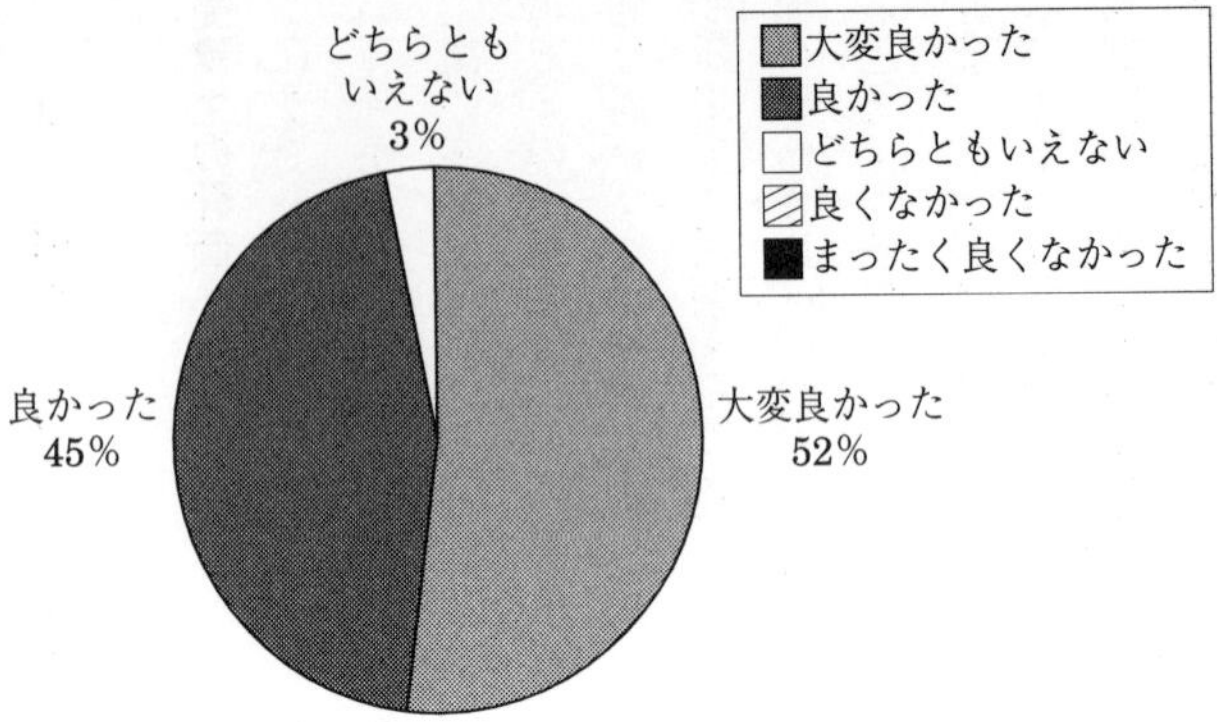

図 8-4　特に優れている点（複数回答，上位の項目のみ）

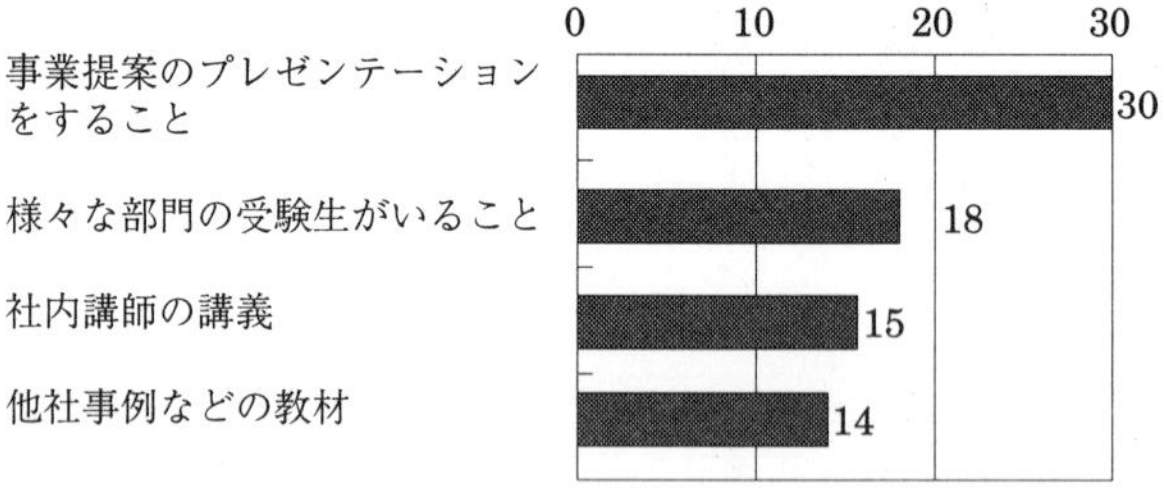

かる。次代を担う世代のモチベーションとして、重要な成果である。

④日常の思考様式がレベルアップ

ゼミ終了後の受講生の変化（複数回答）としては、「担当業務以外のことに関心を持つようになった（六九％）」、「日常生活の中で好奇心が旺盛になった（六三％）」、「他社の戦略や動向に敏感になった（六三％）」、「自己啓発の意欲が上昇した（五六％）」という項目に票が集まっている。日常の思考様式が変わったという点で、発想の方法論を修得するという目的に合致した結果になっている。

⑤チーム作業自体の意義

事業提案をつくり込むチーム作業自体が勉強になった、という声もヒアリングから得られた。これは、当ゼミがリーダーシップやフォロワーシップの訓練としても効果的であることを示している。強制されているわけではないが、成果に対してはシビアに評価されるという、日常業務とは違った種類のプレッシャーは、まさに起業家が感じているものである。自主的なクリエイティブ作業の中での振る舞いを学ぶことは、変革時のリーダーの訓練として適している。

主催部門の評価

当ゼミの仕掛け人であり、後見人である市橋氏は、成果を次のように語っている。

「第一に、新しい事業を展開する人材が、層として育ってきたことです。これまでも、個人として自己研鑽したり、職制で頑張ったりする人はいたわけですが、それが群として厚みが出てきた。いわ

図８－５　今後の新規事業提案意思

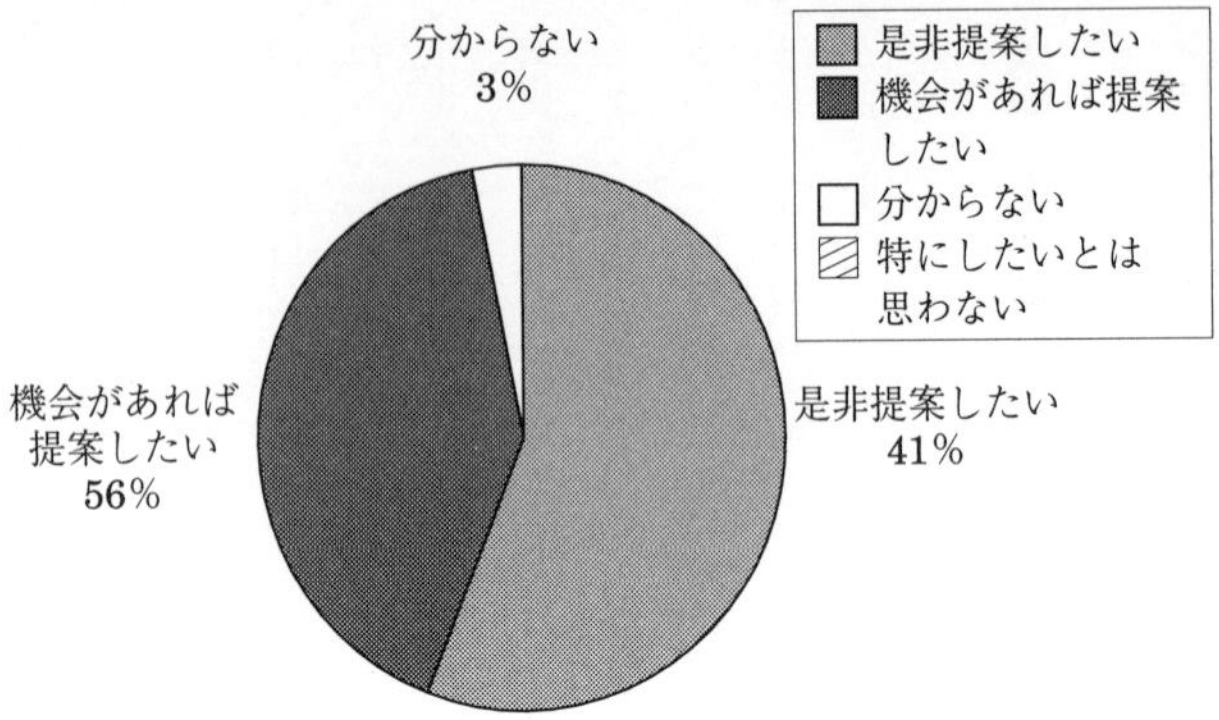

図８－６　受講後の変化（複数回答，上位項目のみ）

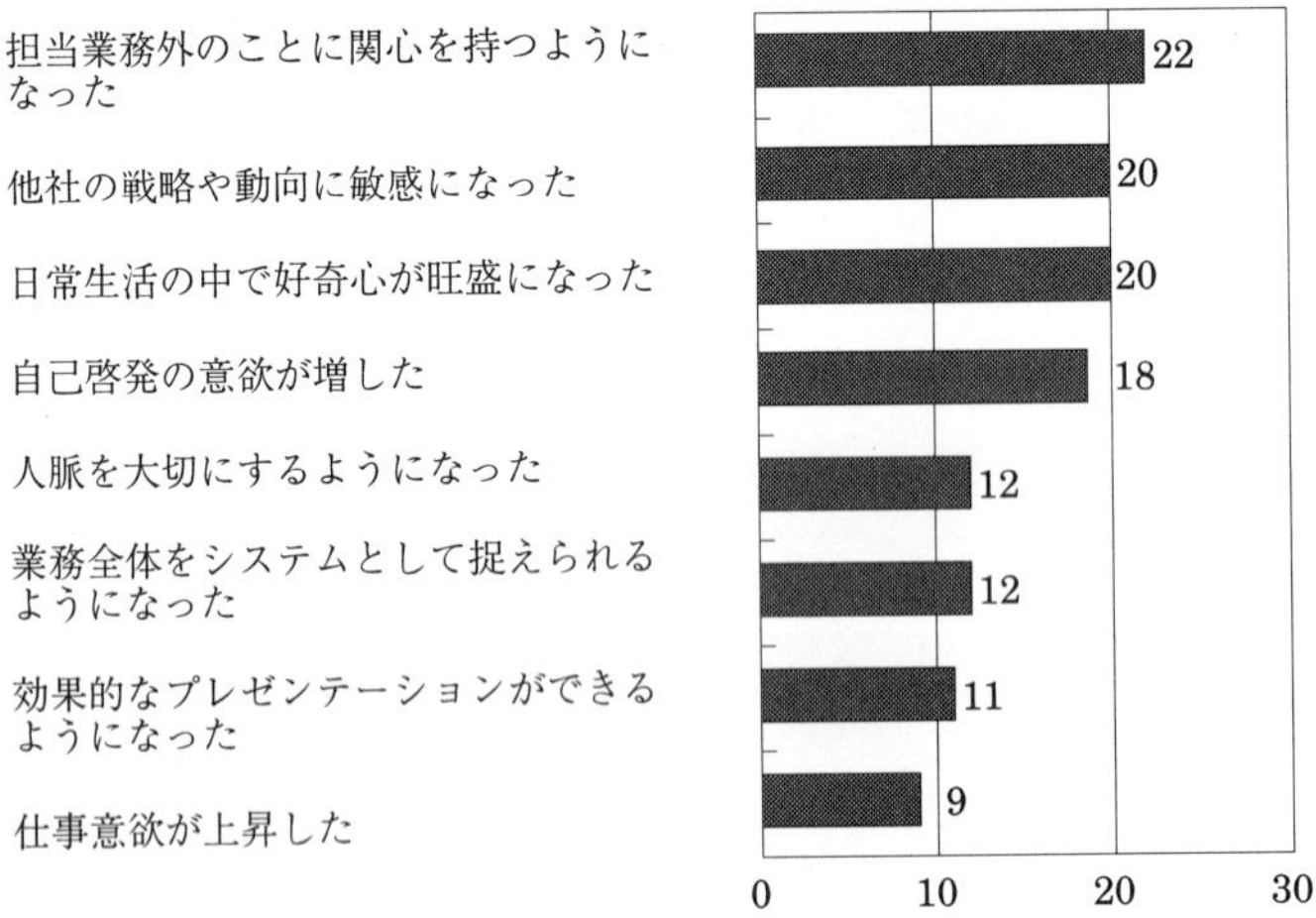

ゆる「同志」が見えてきたことで、会社を自ら引っ張って行くぞ、という勇気が社内に沸いてきているると感じています。

第二に、これと関連しますが、誰がリーダーたりうるか、ということがはっきりしてきました。新しい事業を考え、実行できる能力は、必ずしも日常業務の評価と一致するわけではありません。それがこの研修を通じて見えてくるようになる。ただ、それはいいプレゼンをしたかどうか、ということだけで判断するわけではありません。研修への参加姿勢や他のメンバーとの協調性や貢献度など、日常業務では見えない特徴を見ることができるのです。

三つ目は、これは驚くべきことですが、当ゼミを始めてから、若手中堅社員の退社が激減しました。これは、会社の将来に対し、希望を感じてもらったからに他ならないと考えています。自ら行動すれば具体的に会社を変えられるんだ、という希望が沸いてきたのではないでしょうか」。

このように、当ゼミはスキルアップを目的とした研修を超えた、職制上の公式組織を補完するプロジェクト活動として、積極的に位置づけられている。公式的な組織は、ルーティン化された日常業務を遂行する装置である。それゆえ、新しい事業アイデアを生み出すには必ずしも適していない。職制の組織を貫く横串機能として、当ゼミは機能していると言える。

今後の方向性

一九九八年の開始以来、当ゼミを取り巻く背景が変わりつつあり、それに伴ってゼミ自体の内容も変化している。

まず、立ち上がり当初は受講生と一時的に接点を持つに過ぎなかった社内講師が、徐々にプレゼンテーションの助言者として機能し始めた。特にマーケティング部門のマネージャーが「サポーター」としてアドバイスをし、最終プレゼンテーションに立ち会うようになってから、事業提案の登竜門としての色彩が強くなった。

また、新たに新規事業開発専門組織が設立され、会社全体として新規事業開発の気運が高まってきた。当ゼミが、事業開発部門の若手スタッフのスキルアップの場としても活用されるようになった。

二〇〇一年に新たに作成された中期経営計画では、今後進出する新規事業のドメインが明示された。それに伴い、当ゼミの事業提案も、その趣旨に添ったものが多数を占めるようになり、より具体的なアイデアと意欲が問われるようになってきた。

以上の展開を踏まえ、今後の方向性について述べてみたい。

受講生の声として、圧倒的に多いのが、次のレベルのゼミナールを開催してほしいというものである。これには、二つの内容を含んでいると思われる。一つは、研修としての意義であり、よりスキルアップしたいというニーズである。もう一つは、再度事業提案をして、自らのキャリアを切り開きたいというものである。研修というよりは、発表の「場」へのニーズである。

彼らのエネルギーを成果へと結びつけるためにも、今後ますます必要なのは、研修といった性格のものではなく、まさに新規事業の実践の場であろう。次に必要なのは「学ぶ」ことではなく、「体験する」

ことである。当ゼミ自体は、より多くの年代・職種が「共通言語」を学ぶ場として、機能していくべきであり、具体的な新規ビジネスへの進出こそが望まれているのである。

5 営業担当者のマーケティング教育の必要性

ソリューション営業の実践

ソリューション営業、もしくは提案営業が必要だと叫ばれている。顧客と深くコミュニケートし、顧客の問題を解決するスキルが営業担当者に望まれている。このような営業スタイルにシフトしていくためにも、当ゼミの方法論は有効である。

マーケティングを議論する伝統的なフレームである４Ｐ（Product／Price／Place／Promotion）では、営業活動はプロモーションの中の「人的販売」と位置づけられている。そこでは、定められたマーケティング施策を顧客に伝達する、単なる販促手段としての営業活動が想定されている。この「販促手段」コンセプトでは、ソリューション営業はままならないのは明らかだ。

顧客の問題解決を行うには、顧客の抱えている課題を整理・理解し、それを解決する手段として自社の経営資源を総動員し、個々の顧客に適した価値に編集し直すという作業が必要になる。自社に解決する手段がなければ、外部パートナーの力も積極的に活用する。顧客の問題解決のためには、あらゆる手段をコーディネートするのがソリューション営業である。

このような営業担当者は、顧客のニーズに応じて自社および外部パートナーの活動に指針を与えるという意味で、オーケストラの指揮者になぞらえられる。顧客さえもその指揮棒の先にある。それぞれのプレーヤーの状況を踏まえ、最適の解決策を探っていくのがソリューション営業である。

ソリューション営業が提供する解決策は、もはやマーケティング施策の「調整」レベルではない。自社の経営資源を理解し、顧客に応じて新たな価値を自由に構想し、組み立てる必要がある。そのためには、自社および顧客のマーケティング活動とビジネスシステムを理解し、自らの視点を与えてアイデアを創造する必要がある。これはまさに事業戦略構築の発想である。ソリューション営業を実践するには、戦略構築のスキルが不可欠となる。当ゼミは、新規事業構築はもちろんのこと、既存事業を活性化するソリューション営業の実現にも有効である。

企業改革のポイント

当ゼミの経験から導かれる、企業改革のポイントは次の通りである。

①具体的な方法論を持つこと

変革の意思があっても、具体的な方法論がないと前に進んでいかないということである。社内ベンチャー制度や勉強会など、さまざまな手段で社内を活性化しようとしている企業は少なくない。しかし、器だけつくっても、具体的にスキルアップさせる方法論を持たなければ、十分な成果は上がらない。

ワコールでも、かなり前から新規ビジネスの提案制度は実施されている。しかし、社内の期待感は十分と言えず、効果を上げるまでには至っていなかった。それは、提案を評価し、スキル向上のためのフィードバックの仕組みを持っていなかったことが原因である。当ゼミが他の試みと決定的に異なるのは、事業プランを作成するための具体的な方法論を提供することであり、実際にプランが「書ける」ようになることである。具体的な目に見える成果を積み重ねることで、変革の「おもい」が実現に向かうのである。

②社内にムーブメントをつくり出すこと

変革の仕掛けを、組織のムーブメントとなるまでしつこく続けていくことも重要である。市橋氏の声にあるように、ワコールでは変革マインドを持った社員が層として形成されてきたことで、お互いが未来を感じられるようになってきた。また、ゼミの中に社内講師を巻き込むことで、サポーター（協力者）の輪ができてきたことも大きな変化である。改革を叫ぶ個人はどんな企業にもいる。しかし、それが層となり、互いが勇気を持ち、具体的なアクションに展開されて初めて、組織という巨象が揺らぎ始めるのである。

③経営者層が主体的に変革に取り組んでいくこと

変革の気運はボトムアップ的に盛り上がるとしても、主体者は常に現在の経営陣・上級管理職者であるべきである。高齢の経営陣が、「将来の戦略は若手中心に立てていただいて、われわれロートルははやく引退した方がよい」という言葉を発することがある。それを聞くと、いつも「はやく引退」ではなく「即刻引退」すべきだと、心の中でつぶやいてしまう。改革のイニシアチブと責任は経営陣が担うものである。その具体的アイデアやアクションについて、若いメンバーの自主的な精神から生まれることを期待する、というのが本来の役割分担である。むしろ、若手社員をくどき落として「一緒に会社を変えていこう」と呼びかけるくらいの情熱が必要である。

入社時には、そのような呼びかけで有望学生を一本釣りするにもかかわらず、入社後に夢を語り、意気に感じる言葉をかける機会は意外と少ない。企業変革には、優れたメンバーが必要であり、彼らのモチベーションを掻き立てるような働きかけが必要である。

「市場人」という生き方

本章の最後に、これからのビジネス世界を生き抜くビジネスパーソンのモデルを示したい。ここしばらくの間、景気の停滞感が続いている。漠然とした将来不安感がビジネス界に漂っている。良くなったり悪くなったりといった景気変動とは異なる次元で、未来に対して見通しの悪さを感じている人が多い。

それは、経済成長という、誰もが実感できる既定のレールがなくなったことに起因すると思われる。明日は今日よりも良くなる、という長い間信じられていた希望を失ったことにより、何とも言えない重たい雰囲気が漂っている。

既存のビジネスの仕組みが必ずしも将来を保証しない世の中になった以上、自分が従事するビジネスの仕組みを主体的に構築することが、本質的なリスク回避の手段である。市場の動きを自分の感覚で捉え、それに適したマーケティングとビジネスシステムの設計を絶えず行っていくことが、気まぐれな市場を味方につけるために不可欠である。たとえひとたび成功したビジネスでも、たちまちのうちに淘汰される時代である。自らビジネスを組み立てる力を持つことが、何よりもの将来保証となる。

このような、絶えず新しいビジネスを考えているビジネスパーソンを、筆者は「市場人」と呼んでいる。組織という閉じた社会に生きる「組織人」と対比し、顧客と競争相手を常に意識してビジネスを創造する主体としての概念である。彼は、現在のビジネスが消滅するリスクに対し、常に代案としての新規事業を構想している。時代の流れと周囲の経営資源を結びつけることで、常にビジネスチャンスをうかがっている。これはまさに経営者の感覚であり、これこそが起業家精神である。

本章で紹介したビジネスゼミナールはこの「市場人」になるための方法論の一つである。さらに、日常の心構えとして、次の二点を挙げたい。

まず、定められた業務に従事する一方で、新しいビジネスのために、経営資源（人・モノ・金・情報）のコーディネーションを常に意識して過ごすことである。この頭の使い方は、いわゆる寄らば大樹の陰といった、「サラリーマン的」なものとは大きく違う。このことを意識することで、目の前のあらゆる現象に対し、経営資源として活用できるかどうか、新たなビジネスのネタにならないかどうか、という視点で見ることになる。

二つ目は、「楽しい」ビジネスを考えることである。どのようなビジネスでも実現段階では多くの苦難を乗り越えなければならない。そのときの原動力が、自分が納得できる「楽しい」という感覚である。ある有名ミュージシャンは、「大人のくせにいつも楽しそうだな、と言われたい」と語っている。「楽しい」感覚は、創造性と意欲を生み出す。私たちも、自立した「市場人」として、楽しい仕事を自ら構想し、実現するプロセスに喜びを感じたいものだ。

終章

営業改革のマネジメント
――営業改革の意義とその方法

これまでの章で紹介した事例を整理しながら、営業改革の意義とその進め方についてまとめておこう。

1　なぜ、営業改革が必要なのか

競争力を高める営業力

日本企業が競争力を強めるには、製品開発やロジスティックスの機能を高めることはもちろんだが、成熟した市場では営業力を高めることが最も効果的な方法である[1]。

また、新規顧客を獲得するには既存顧客の維持よりも数倍のコストがかかるので、離反する既存顧客を思いとどめさせながら、現在の顧客と継続的な取引ができる仕組みを構築する方が効率的である。既存顧客と継続的な取引を維持するには、取引先企業が悩んでいる問題を一緒になって考えていく、さらに問題を解決してあげるような取組みも大事になってくる。

ＣＳを高めるソリューション営業

そのためには、顧客だけでなく、顧客の顧客までも見据えながら、販売商品とともに解決方法を提示することが必要になる。例えば、ＩＴ業界であれば、取引先企業がネットワークを構築する場合、それはネットワークそのものが欲しいのではなく、ネットワークから享受できる何かを欲しているのである。その何かは企業によって異なる。売上や利益かもしれないし、その顧客先企業の満足度かもしれない。しかしいずれにしても、その企業の欲しているものを解決してあげることが大切である。また、アパレルや食品などの消費財メーカーであれば、卸売業や小売店に販売すればそれで良しとするのではなく、その販売先の顧客までも見据えた販売方法を提供することが大切になるわけだ。

つまり、競争力のある営業とは、顧客のＣＳ（顧客満足）を高める営業であり、ソリューション営業（顧客の問題解決を図る営業）である。その手段として、「情報活用」、「営業プロセスの重視」、「チーム営業」といった、営業改革の三種の神器ともいえるキーワードが今まさに営業現場で唱えられているのだ。

営業はマネジメントされているか

既存顧客に注力するにしろ新規顧客獲得に奔走するにしろ、営業がマネジメントされていることが必要である。なぜなら、結果オーライの営業では、「出たとこ勝負」になりがちで、失敗の反省も成功要因の抽出もできないからである。その結果、営業のノウハウや知識が組織に蓄積できないばかりか、個々の営業パーソンのキャリアを育成するチャンスが与えられないからである。では、営業のマネジメントができているとは、どのような状態のことを言うのか。少なくとも以下の質問に答えられなければならない。

①営業とは何をすることなのか。役割と機能が明確になっているか（営業の定義）。例えば、新商品の売行が芳しくない場合、他部門も含めその原因を明らかにすることができるか。

②営業を可視化できる体制になっているか。誰がどこでどのような営業をしているかを常に把握できているか。営業パーソンの報告に対して、マネージャーは適切な対応方法を指示しているか。例えば、受注が取れない場合、「とにかくもう一〇件回れ。足で稼げ」という指示はマネジメントができていない典型例である。

③自社の営業が商談に費やしている時間割合を知っているか。また、営業部門の生産性を継続的に測定しているか。

④営業の資源（人、モノ、資金）をどのように調達・蓄積して再分配するかの地図（戦略）を描いているか。またその方向に誘導するためには、どのような営業スタイルが望ましいのか、それを実現する効果的なインセンティブ・システムはどのようなものかを議論しているか。

次に、営業のマネジメントのあり方について検討してみよう。

2　営業マネジメントの基本

ここでは、営業のマネジメントについて基本的な問題を検討しておこう。日本企業の営業は、欧米のそれに比べて、業務の範囲が多種多様にわたることが特徴的であると言われる。一般的なマーケティングの教科書では、日本流の営業が採り上げられることは少なく、4Pの一要素である販売促進策（promotion）の中で扱われているに過ぎない。そこでは、人的販売（personal selling）として扱われ、マーケティング機能の中の一部を担うという位置づけである。したがって、マーケティング全般に深く関わる日本の営業とは、異なったものである。この相違は、第4章「インポート・ブランド企業の営業」でも理解できることである。どちらの方法がよいかという是非は別にして、営業の役割と組織体制とは密接に関わっていることを理解していただきたい（教科書のようにマーケティング部門の中の一部門として営業が位置づけられているのか、日本企業のように独立しているのか。またそれに応じて意思決定できる業務範囲や内容が異なっていることにも留意）。ここでは日本企業の営業を採り上げることにする。

営業の役割を明確にする

営業の役割と任務は何か、これを明確にすることが大切である。意外にもこの点が企業で定まっておらず、何でも屋の営業が多いようである。新規取引先のリサーチや飛び込み業務に始まり、顧客のクレーム処理、特急品の納品、返品の処理、債権の回収、冠婚葬祭の段取り、社内調整などなど、顧客に関する業務はすべて営業が行っているかのごとくである。このことが、営業パーソンの不満の源泉となり、営業効率の悪化の要因ともなっている。そこで、営業とは何をすることなのか、その機能と役割はこれだ、といった職務内容を明確にする必要がある。いくつかの事例を見てみよう。

事例1――ある加工食品メーカーでは、「商品本位制から商談本位制」への転換を宣言し、営業のあり方を「顧客満足の向上を目指した情報提供・提案営業による営業革新」とした。さらに、情報提供・提案営業を、「お客様の関心事を満たす各種情報が提供でき、同時にお客様の売上と利益が極大化できる提案営業活動」と定義している。

事例2――ある半導体・LSIメーカーでは、受注型生産が主体であることから、営業と開発担当者は役割を明確に分担している。営業は取引先企業の開発キーマンと人間関係を構築しながら、取引先企業の生産量や競合他社の売り込み状況をいち早く察知し、社内に知らせることであるとしている。

事例3――ある菓子メーカでは、営業を二タイプに分け、それぞれの役割を明確にしている。一つは、「キーアカウント・セールス」と呼ばれる営業で、取引先の売上や利益に貢献することを第一目的に、出荷から小売店頭までのモノの流れすべてに責任を持つ。もう一つは、「ゾーンセールス」と呼ばれる営業で、店頭に陳列されている商品の鮮度、カバレッジ、店頭プロモーションに責任を持つ。

このように、営業の役割を明確にすることが、営業の効率を高めるだけでなく、他部門との連携をスムーズにする点からも大切である。

営業を可視化する

営業は暗黒大陸だと評されることもある。誰がどのようなやり方で商談を進めているのか分からない、もっと悪いことには、商談がいつごろクロージングするのかもふたを空けてみないと分からない、というものである。

これでは、最後の最後にならないと、部門の業績が確定しないことになる。また、業績の悪い営業パーソンに対しても、事前に的確なアドバイスを与えることも難しくなってしまう。

営業を可視化することは、実態を正しく把握することである。また、計画→予定→実施→検証→評価・反省→計画という科学的なサイクルを構築することにもつながる。しかし、この科学的なサイクルをうまく回していくには、営業業務の評価方法が確立されていなければならない。仮に、評価の基準が曖昧だと、営業活動の何が悪くて何が良かったのかも分析できず、的確な計画づくりへとフィードバックできないからだ。と同時に、特に業績が不振の場合、責任の押し付け合いが始まり、他部門との不毛な議論は永遠と続くことになるケースが多い。

この営業を可視化するという作業は、業務を効率化で効果的なものにするだけでなく、他部門との連携促進の基盤づくりにもつながっていく。

以上、営業マネジメントの基本として、営業の役割を明確化すること、営業を可視化することの二つを挙げた。特に、営業を科学的にマネジメントするには、まず実態が把握されねばならない。そのためには、可視化する作業が不可欠である。

3　営業を科学的にマネジメントする方法

ここでは、営業を科学的にマネジメントする上で、不可欠な可視化の方法について考えよう。それには様々な方法がある。昨今では、情報機器を活用しながら営業効率を向上させるための方法として、SFA（Sales Force Automation）という考え方も紹介されるようになった。しかし、この方法を導入するにしても、マネジメントの基本が定着していないと、無用の長物になる危険性がある。

ここでは、営業活動を可視化するのに効果的だと思われる方法を紹介しておこう。

社内業務と社外業務の分類

営業活動を構成する作業を分解してみよう。例えば、社内業務と社外業務に分けて、それぞれの業務を洗い出し、投入された時間やコストを分析することである。

1　社内業務
①得意先との電話連絡
②社内業務（商談の資料作成・クレーム処理など）

③社内調整
④雑用・その他

2　社外業務

⑤商　談
⑥納品業務
⑦販促活動
⑧交通移動
⑨その他

この方法で分析した経験によると、社内業務に忙殺されている営業パーソンの多いことに驚いたことがある。価値を生む重要な作業であるはずの商談に、一時間も割り当てられていないことが発見されたからである。商談に時間を振り向けることができるように作業を改善する必要がある。しかしこれだけでは、営業の可視化は不充分である。

生産性の視点でプロセス分解する

営業を生産性の視点で分析することが大切である。営業の生産性とは何か。これをまず社内で明確にしておくことが大切である。生産性とは、基本的には、産出量／投入量であるが、ここに時間を使うか、金額を使うかは、使用目的による。ここでは、営業生産性を営業パーソン一人当たりの受注金額（受注金額／営業要員）として考えておこう。そうすると、その生産性を構成する要素として、図終‐1のように因数分解することができる。これは簡単な算数レベルの式であるが、大事なのは、それぞれの項目が商談の順番に従い、それぞれの生産性を示していることである。それを示したものが図終‐2である。

①組織的営業効率（＝一営業パーソン当たりの顧客数）

これは一人当たりの営業パーソンに何人の顧客を担当させるかの指標である。多くの顧客を担当させればよいというものではなく、適正人数がある。ただ、商談以外の業務を省力化したり効率化するなど、組織的な対応を施すことにより、この値は高まる。

②営業活動の効率性（＝一顧客当たりの営業投入時間）

これは、一人当たりの顧客にどれだけの時間を投入できるかの指標である。この値を大きくするには、営業投入時間を高めるか、顧客数を絞り込むしかない。顧客数を一定にして考えた場合、投入時間を増加させる工夫が必要である。インターネットの活用や営業活動の改善などが考えられる。

③訪問効率（＝一投入時間当たり訪問回数）

これは、例えば一時間当たり何件営業訪問できたかの指標である。効率的な営業所の配置や営業パーソンの担当割り、さらには計画性のある営業行動が必要となる。もちろん、時間だけでなく、商談の質を向上させることも大切である。

④契約交渉のスピード（＝一訪問回数当りの契約交渉回数）

これは、契約交渉の商談に至るまでに、どれだけの訪問回数を要したかの指標である。営業の重要な

図終－1　営業生産性の因数分解

$$\frac{\text{受注金額}}{\text{営業要員}} = \frac{\text{顧客数}}{\text{営業人数}} \times \frac{\text{営業投入時間}}{\text{顧客数}}$$

$$\times \frac{\text{営業訪問回数}}{\text{営業投入時間}} \times \frac{\text{契約交渉回数}}{\text{営業訪問回数}}$$

$$\times \frac{\text{受注成約件数}}{\text{契約交渉回数}} \times \frac{\text{受注額}}{\text{受注成約件数}}$$

図終－2　営業生産性の構成要素

営業生産性＝受注金額÷営業要員

一営業パーソン当たりの顧客数	×	一顧客当たり営業投入時間	×	一投入時間当たり訪問回数
組織的営業効率		営業活動の効率性		訪問効率
一訪問当たり契約交渉回数	×	一契約交渉回数当たり受注成約件数	×	受注成約件数当たり受注額
契約交渉のスピード		クロージングの効率性		成約の効率性

目的の一つは契約を取ることであり、そのためには商談まで話を持ち込むことが大切である。この値が高い営業パーソンほど、スピードある営業をしていることになる。

⑤クロージングの効率性（＝一契約交渉回数当たりの受注成約件数）

これは、契約交渉に至った商談で何件受注に結びついているかの指標である。契約交渉に至っても必ずしも最後の受注に結びつくとは限らない。それは、価格の折り合いが悪いケースもあれば、「詰めの甘い」営業をしてチャンスを逃してしまっていることもある。また、取引先からの最終的な条件提示の検討に社内で時間がかかりすぎ、競合他社に案件を奪取されるなど、組織のコミュニケーションの欠如が問題であることもある。

⑥成約の効率性（＝一受注成約件数当たりの受注額）

これは、一受注当たりどのくらいの受注金額であるかの指標である。当然、取扱い商品によって変わるが、同じ商品群であれば、この金額の多寡が生産性に与える影響は大きい。

初回の訪問からクロージング（契約）までの期間が短いほど、営業活動の生産性は高まる。また、生産性を営業パーソン一人当たりの受注金額とすれば、一回当たりの受注金額が大きいほど生産性は高いことになる。生産性の定義は各企業で応用して活用すればよいことだが、大切なことは、自社の生産性を測定する指標をつくること、そして、それをマネジメント・サイクルの中で活用していくことである。例えば、支店別、部門別、営業パーソン別にこれらの指標を作成し、比較検討してみることである。指標の悪い点は改善し、新たな目標を設定し、実践してみることである。目標管理制度と連携すれば、効

図終－3　顧客の購買意思決定プロセスと営業の対応

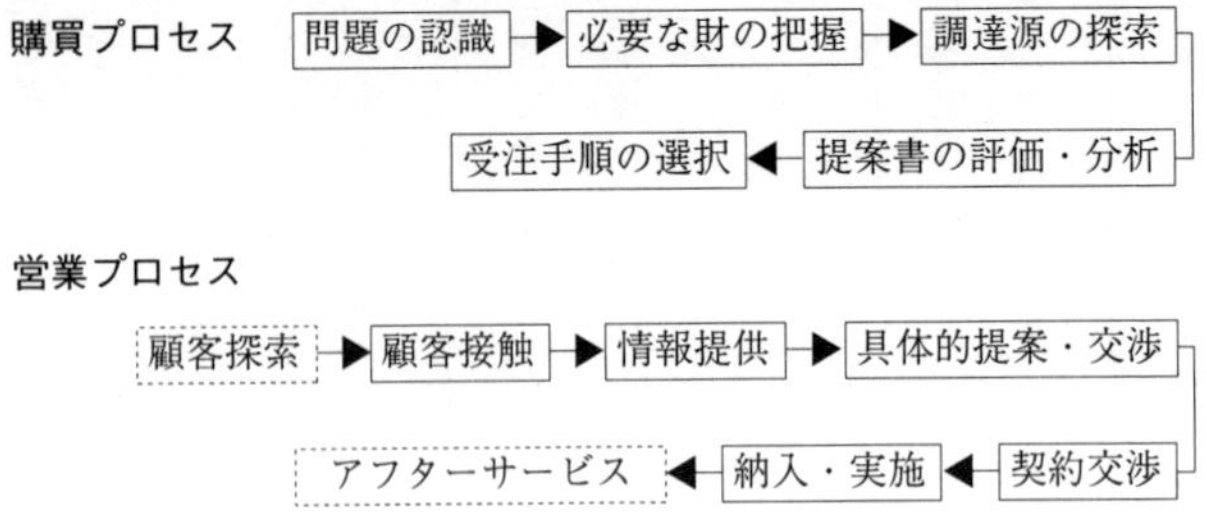

果的であろう。

顧客の購買意思決定プロセスに適合させたプロセス分解

営業活動を、顧客の意思決定プロセスの流れに合わせて、営業活動をプロセス分解する方法もある。つまり、営業活動の評価を自社の行動原理に合わせるのではなく、あくまでも顧客が商品を購入する際の意思決定の流れに沿いながら、営業を評価しようとするものだ。企業の購買プロセスは、大まかな流れで示すと、問題の認識、必要な財の把握、調達源の探索、提案書の評価・分析、受注手順の選択、となる（図終-3）。

このプロセス毎に、評価基準を定め、営業活動を展開していく。「問題の認識」段階では、顧客の潜在的な欲求を顕在化させたり、顧客の問題を解決する糸口を提案する段階である。営業活動では「きっかけ」づくりの営業の技量が必要とされる。「必要な財の把握」段階では、顕在化したニーズに基づき、どのような商品やサービスが必要なのかを骨格固めする段階である。営業側は、それを解決するための様々な情報を提供するなど、顧客を支援することが大事になる。「調達源の探索」段階では、必要とするコストパフォーマンスや信頼性などの評価基準もある程度明確になり、それを提供する企業を探す段階である。営業側は、具体的な提案が必要となる。「提案書の評価・分析」では、価格や納期などの条件も含め、最終的な契約の詰めが行われる段階である。営業側は、価格交渉面も含め権限を持つ営業パーソンの対応が必要とされる。最後の「受注手順の選択」段階では、納入に伴う具体的な手続きが話し合われる段階である。営業側は、開発、生産、物流などと調整しながら、顧客に期日までに製品を納入することが求められる。と同時に、納入商品がスムーズに稼動するまでのフォローやその後のメンテナンスの行動計画も整備しておく必要がある。

このように、あくまでも顧客側の購買プロセスを基準にして、営業側の行動プロセスを組立てるところにこの方法の長所がある。これを営業側のプロセスに翻訳すると、（顧客探索段階）、接触段階、情報提供段階、具体的提案・交渉段階、契約交渉段階、納品・実施段階、（アフターサービス段階）、となるだろう。なお、（　）内の段階は、必ずしも、購買意思決定プロセス段階には該当しないが、営業プロセスには不可欠なものである。

プロセス分解で営業をマネジメントする方法

営業のプロセス分解は、営業をマネジメントする上で強力な手段となる。その一例を示そう。図終-4では、横軸が営業プロセス段階、縦軸が各段階の到達度を示している。この到達度は、当初の顧客が、どの段階まで残っているかを示しているものだと考えていただければよい（実数でも比率でもよい）。一般的に営業段階が進み契約・納品段階になるほど、到達度が低くなるはずである（もちろん、横ばい

図終－4　営業プロセス到達度による管理方法

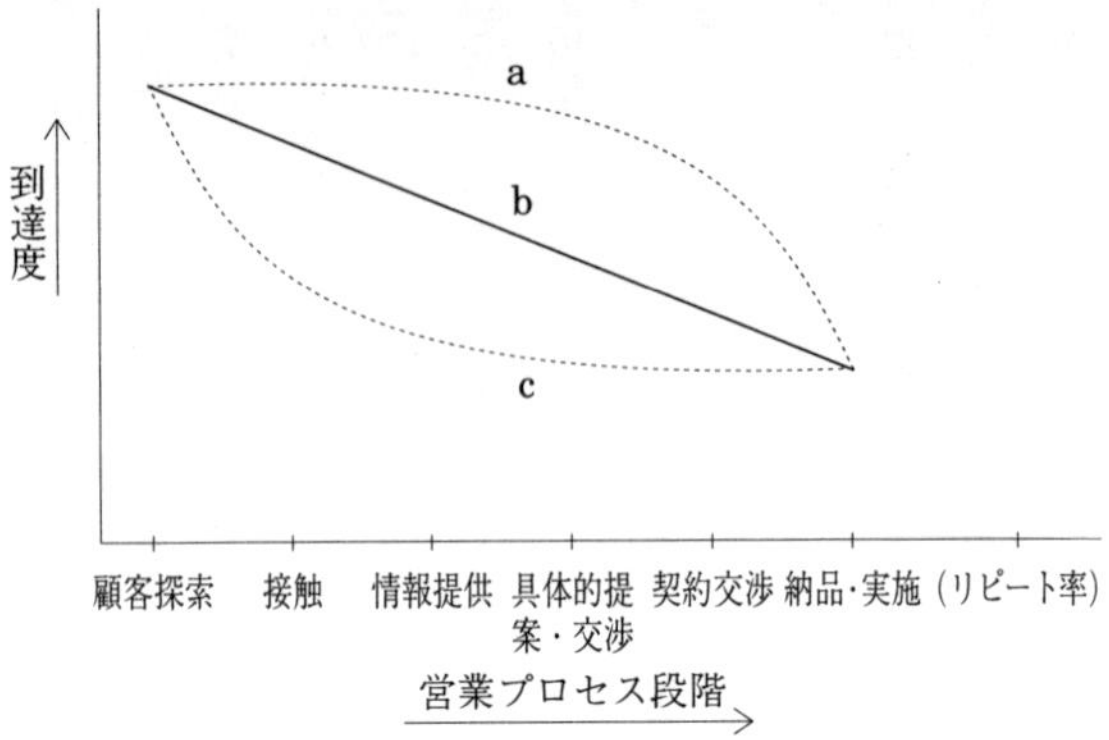

のケースも考えられるが）。

しかし、そのカーブの描き方は、商品の種類、営業部門、営業パーソン毎に異なるはずである。図表にはａ、ｂ、ｃの三パターンが描かれているが、ｂが標準的なパターンとすれば、ａとｃは特異なケースであることが分かる。ａは、前半の営業段階では好成績だが、後半段階に入ると芳しくない。反対に、ｃは、前半は芳しくないが、後半段階に入ると好成績になる。このように、自社の標準的なパターンを定めながら、それぞれ特異なパターンを分析することにより、営業活動の改善点を明らかにする。また、営業パーソンに顧客毎の営業段階を報告させることにより、全社的な営業活動の進捗状況を把握することができる。また、特定段階の成績が悪い場合、それは営業体制の問題なのか、個人の問題なのかを明らかにすることによって、次善の対策を打つことも可能となる。

この分析の応用として、縦軸に各段階の達成率（その段階における対象顧客数の内、次の段階に移行した顧客数の割合）を採ったり、また、各段階への移行スピードを新たな指標として組み入れることも効果的である。

4 営業改革の方法論

今までに、営業を科学的にマネジメントするための有力な方法である可視化についてみてきた。ここでは、改革の基本的な取組み方法について簡単に触れておこう。

営業改革の四つのパターン

営業改革で何を期待するのかを明確にしておく必要がある。**図終-5**を見てもらいたい。この図は、営業改革のパターンを視覚的に見てもらうために図式化したものである。

まず、現状の図であるが、これは営業パーソンの能力のバラツキ状態を示したものである。平均を中心に左右対称に山のようになだらかな分布（正規分布と言う）を描いている。小学生や中学生の時の成績表を思い起こしてもらえればよい。相対評価を採用しているので、五段階評価であれば、3の成績者が多く、4と2、5と1が同じ人数で、かつこの順に人数が少なくなっている。営業パーソンの能力（業績でもよい）もこのような分布を描く。以下、それぞれの改革のパターンを見てみよう。

①のパターン——人数を増強する場合である。しかし、人数をただ単に増加させても、分布の状態は変わらない。コストもかかるが、増加した人数分だけ売上の増加は期待できる。契約社員や派遣社員を

図終－5　営業改革のパターン

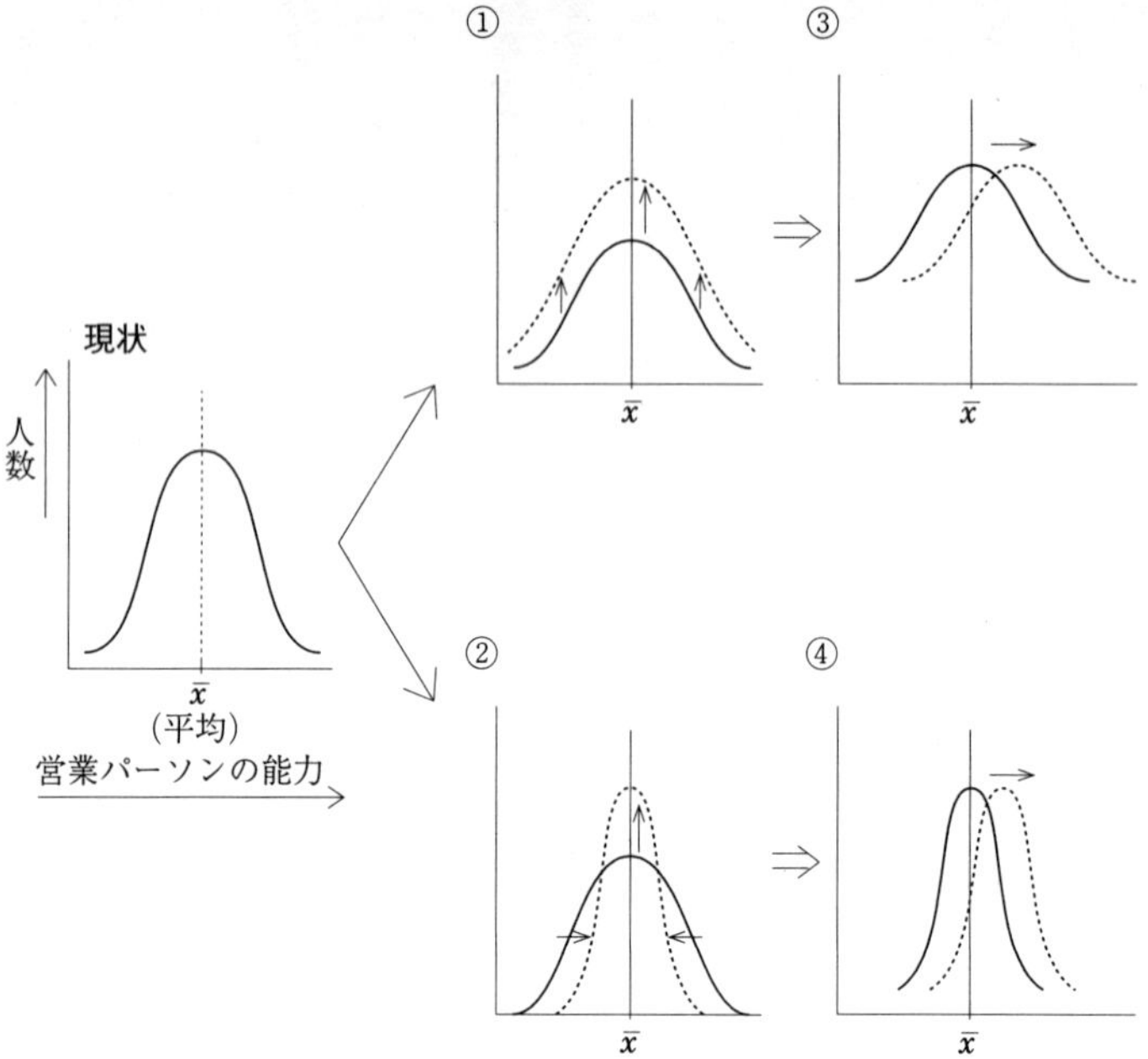

（注）　営業パーソンの能力として，例えば1人当たり売上高などを用いてもよい。

活用することもある。

②のパターン――人数は一定で、営業パーソンの能力の均一化を図るケースである。その方法として、営業行動の標準化が行われることが多い。このパターンでは能力の低い人も減少するが、高い人も減少している。集団における個人間の業績の分散（バラツキ）を減少させる一つの方法として、集団凝集性（集団の団結の程度）を高めればよいことが分かっている(2)。しかし図に示すように、集団の能力の平均が元と同じならば、分布の面積は不変なので、全体の業績も変わらないことになる。

③と④のパターン――①や②の

パターンから右方向へ平均を移動させる場合である。平均が高くなっているので、営業パーソンの能力もアップしており、業績拡大や費用対効果の向上に貢献することになる。

つまり、①あるいは②のパターンを採るにせよ、結局は能力を右方向へ移動させることが大切になってくる。そのためには、どのような方法が採られているのだろうか。

①→③の移行

①のパターンは、既存の営業能力のバラツキを許容した上で、営業の増強を図ろうとするものである。このような組織には、トップセールスや武勇伝的な営業パーソンのいることが多い。彼らの営業方法を一つの理想目標として、研修やＯＪＴを通して営業スキルを体得することになる。また、チームを組む中で彼らが指導役となり、現場経験を通じて、営業技術だけでなく、営業の心構えなどの精神面も鍛えることになる。さらに重要な点は、③へ移行する過程で、適者生存的な厳しい競争が見られることである。第2章「商品先物取引の営業」の事例などが参考になる。

②→④の移行

②のパターンは、営業行動のバラツキを極力平準化しようとするものである。その方法として、前述したような営業を可視化する方法が採られる。また、標準化した行動パターンやツールの開発が行われる。個々人のスキルを向上させることよりも、組織的な営業力の向上に注力する点も特徴的である。④への移行については、情報機器を活用しながら営業効率を高めていこうとするＳＦＡなどの方法も用いられる。しかし、標準化をあまり進めすぎると、深く物事を考えない同質化した営業パーソンを育成す

る危険性はある。このことは、将来のマネージャーの育成をどうするのか、営業パーソンのインセンティブをどのように高めていくのか、異質性をどのように取り込んでいくのか、といった問題に関わってくることになる。

いずれにしても、営業改革は、営業の能力を右方向へ移動させる取組みが必要である。

資源の再配分

営業に対して無尽蔵に経営資源（人、モノ、資金）を投入できないとなれば、効果的な資源の使い方を考える必要がある。そのためには、以下の点を考慮しなければならない。

①営業活動の焦点の明確化

経営戦略やマーケティング戦略に適応した営業を展開することが大切である。そのためには、ターゲットとすべき地域や顧客層を再検討し、営業が果たすべき役割や機能、それを効果的に提供する方法を明らかにしておくことが大切である。つまり、営業のドメイン（事業領域）を再構築することである。第6章「製造業の営業」が参考になろう。

②顧客層への資源の再配分

現在の顧客を資源の再配分の観点から見直すことである。攻めるべき顧客と現状維持でよい顧客を分類すると表現した方が分かりやすいかもしれない。その一例として、**図終-6**に示すような方法がある。縦軸に顧客の販売力評価、横軸に取引評価をとり、四つのセルに分けてみることである。このように、

図終－6　営業資源再配分のための分析方法

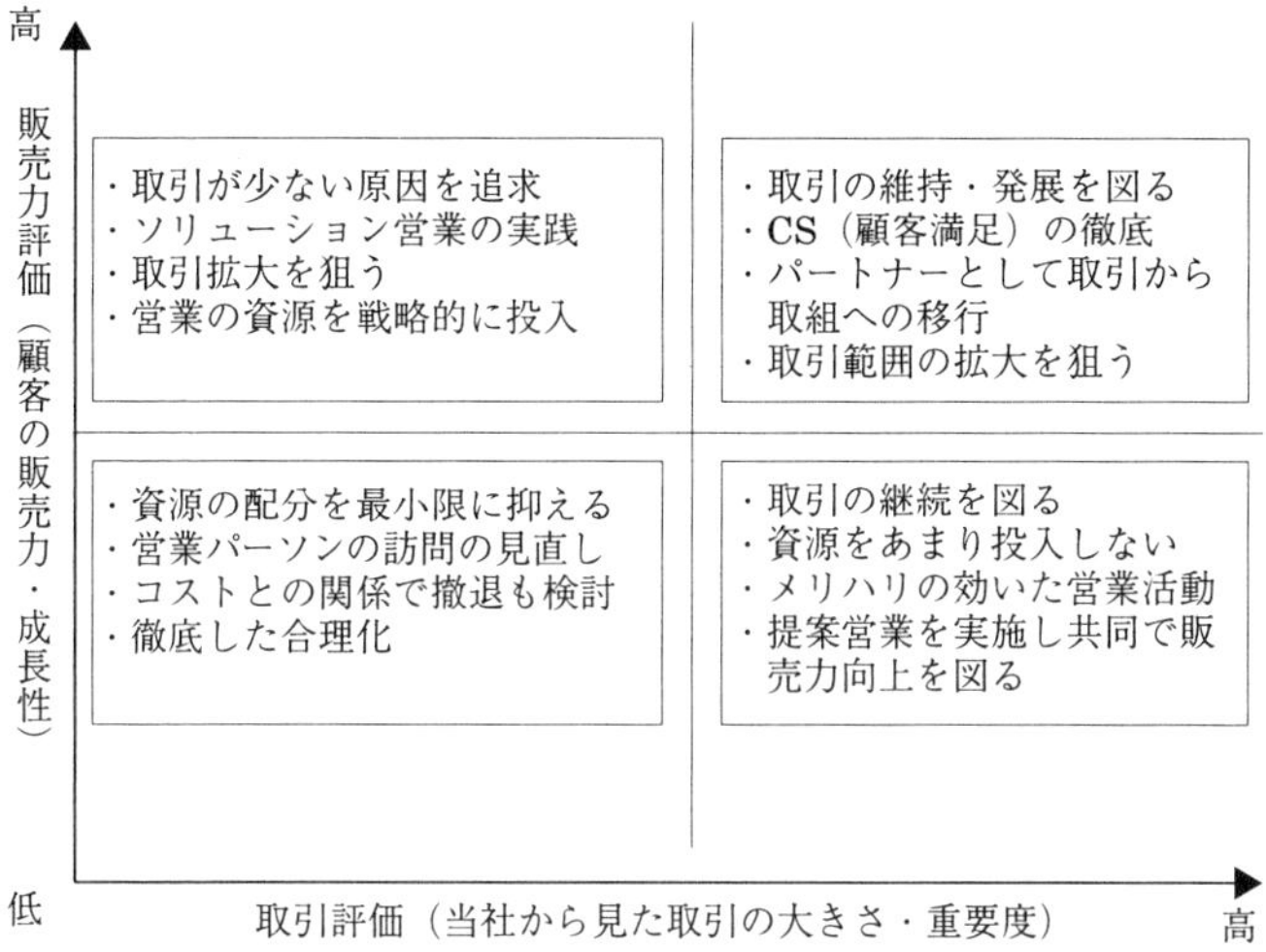

取引先のポテンシャルと自社との関係を見ることにより、営業資源を集中投下すべき取引先と現状維持でよいところが明らかになる。意外と、自社との関係は良好だが取引先のポテンシャルの低い取引先に資源を投入しすぎていることに気がつく企業が多い。

③チームでの対応

営業パーソン一人の能力では対応できない商談が増えているようである。その場合、チームをつくって対応することが一つの方法である。チームの形成方法には三つのケースが考えられる。

(ア)　営業パーソン同士でチームを形成する

(イ)　研究開発、マーケティング、生産といった他部門と連携してチームを形成する

(ウ)　他企業とチームを形成する

チームを形成することの長所は、ソリューシ

ョン営業に伴って複雑化する多種多様な要望に応えていくことが可能なことである。具体的には、タイムリーな情報提供に伴う情報量の増加や、問題解決の支援に伴う情報の質の向上である。また、チームの形成は、情報共有や情報創造の促進にも役立つ(3)。第3章「普通の人が成功するための生命保険営業」や第5章「外資系IT企業の営業」が参考になる。

④情報システムの活用

パソコンや携帯端末など情報機器の活用は、営業活動を効率化する上で不可欠なものになってきている。生産情報、在庫情報、受注情報、出荷情報など取引に関わる情報を即座に入手し提供できることは、営業のスピードを高めることに貢献する。

他方、取引の成功事例やクレーム情報をデータベース化し、営業部門だけでなく全部門で閲覧できる仕組みは、変化の激しい市場状況を的確に把握することに貢献する。先進的企業では、それらの情報を閲覧するだけでなく、職位や部門、支店・営業所を越えてコミュニケートできる体制を整備している。同じ現場に複数の人間が同行するチーム対応を「リアルなチーム対応」とすれば、これは「バーチャルなチーム対応」を可能とする手段である。

最後に、営業スタイルの改革方向を、営業の標準化の程度と、個人対応・チーム対応で分類すると、**図終-7**のようになる。従前の営業スタイルをC型とすれば、多くの企業が標榜しているスタイルはA型である。しかし、必ずしもA型が最善のスタイルとは限らない。対象顧客や取扱い商品、さらには営業戦略により、最適なスタイルが異なってくる。第2章「商品先物取引の営業」や第5章「外資系IT

図終－7　営業スタイル改革のパターン

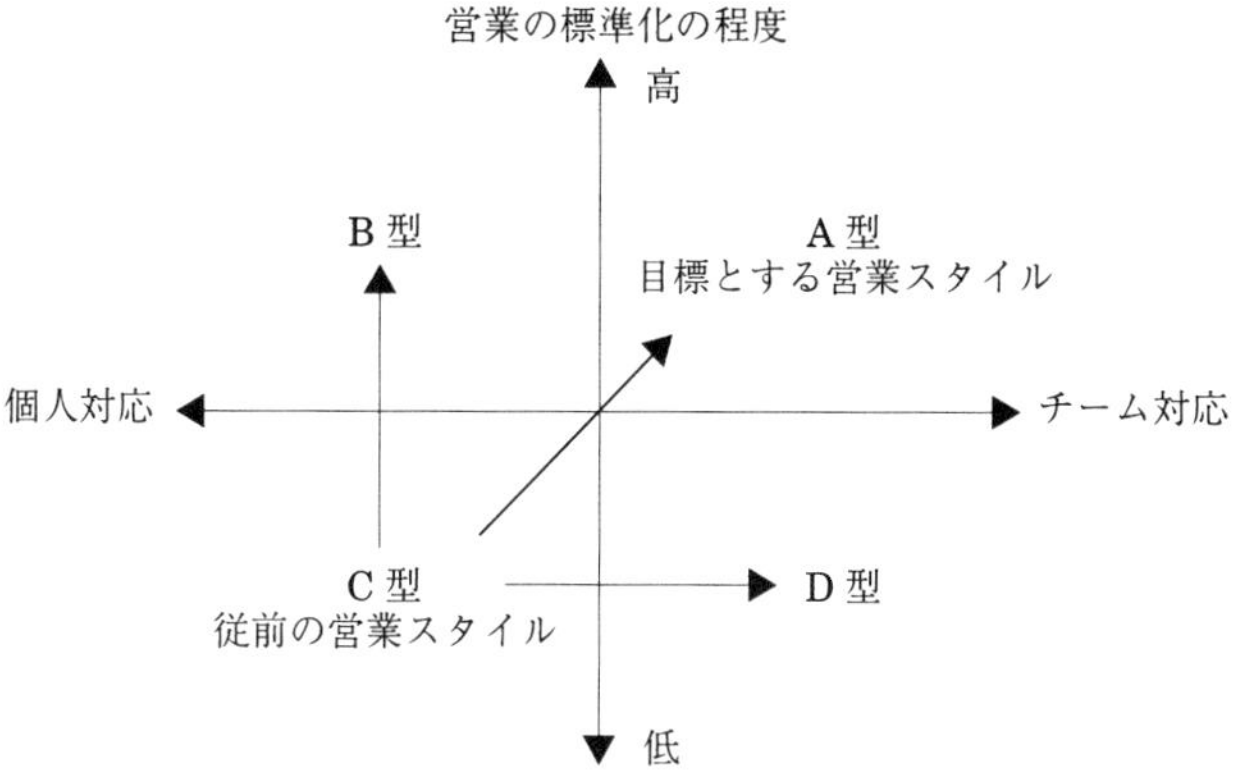

図終－8　営業パーソンの評価方法

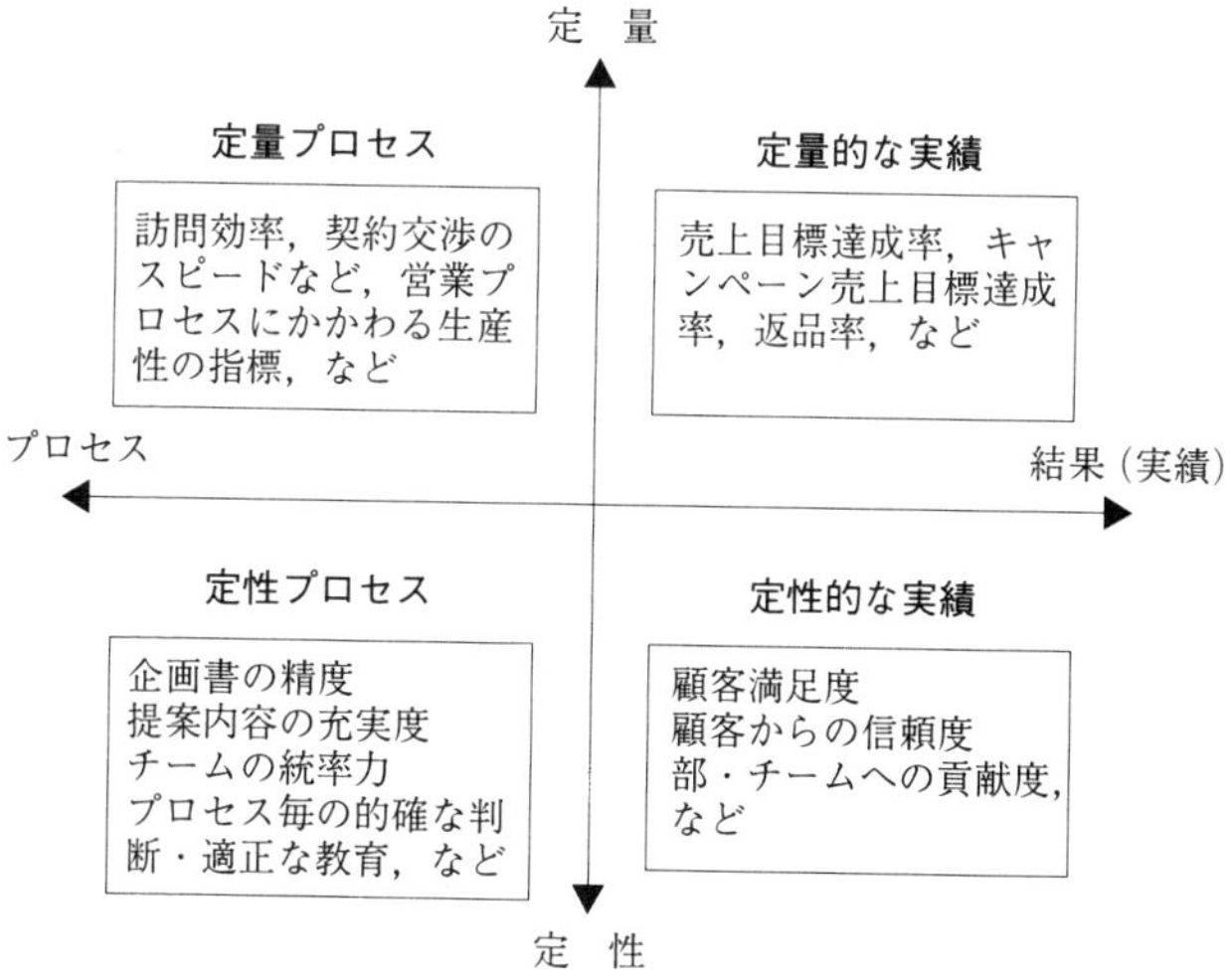

企業の営業」などを参考にされたい。

営業パーソンの評価項目の検討

営業改革の理念や方針を伝達するだけでは、個々の営業パーソンのスタイルは変革されない。営業スタイルを変革するには、営業パーソンの評価方法も変える必要がある。その一例として、図終-8に示すような方法がある。定量評価と定性評価、実績評価とプロセス評価を組み合わせながら、評価する方法である。目標管理制度とも連動させながら、営業改革が円滑に進む評価制度を整備することが大切である。

例えば、賞与の査定には実績評価のウエイトを高め、昇給・昇進の査定にはプロセス評価のウエイトを高めるといった、メリハリの効いた人事考課が望ましいとする指摘もある。(4) もちろん、人事考課には業務遂行能力や勤務態度の評価も大切だが、ここでの重要なポイントは、変革すべき方向に営業スタイルを誘導し定着するような評価体系を整備しなければならないことである。

5　おわりに

今まで、営業を科学的にマネジメントすることの重要性とその方法論について述べてきた。そのエッセンスは、営業を可視化すること、そして生産性を高める取組みをすることであった。そのための改革方法をいくつか紹介してきたが、最後にいくつかの課題について検討しておこう。それは、本書の序章のところで問題提起した点を明らかにすることにもなる。その問題提起を要約しておけば、「情報活用」、「営業プロセスの重視」、「チーム営業」といった営業方法が最善なのか、それとも他に優れた営業改革の方法があるのか。また、これらの方法が最善だとした場合、失われたものはないのか、あるとすればそれは何か、というものであった。

本書で紹介してきた事例や論点から判断する限り、それらは唯一最善の方法ではないということになる。これらの方法が最善のケースもあるしそうでないケースもあるということだ。これらの表層的な言葉に振り回されずに、本書で見てきたように、営業の役割や機能を再定義し、何のために改革をするのかを明確にして改革の方法論を選択していくという姿勢が大切である。

以下では、営業改革を実行していく上で、見失われがちな視点について提起をしておこう。

営業の標準化の課題

既述したように、営業活動を可視化する際、営業行動のバラツキを極力平準化するために標準化した行動パターンやツールの開発が行われることが多い。しかし、標準化の程度を高めすぎると、深く物事を考えない同質化した営業パーソンを生み出す危険性がある。同質化した集団からは新たな知識は創造され難く、そのことが新市場を創造する営業ノウハウの蓄積を阻害する危険性がある。このことは、営業データベースを構築しノウハウを提供しようとする企業に対して大きな問題を投げかけることになる。

なぜなら、営業ノウハウを効率良く運用（収集・蓄積・編集・配分）するには、標準化した営業スタイルの方が適しているからである。ここに、有効な営業データベースの構築と、効率的に運用できる体制の矛盾が生まれてくる。

さらに、行動の標準化が、感性を研ぎ澄まそうとする人間の意欲を喪失させる危険性がある。営業は、最終的には人間同士のコミュニケーションがものを言う局面が未だに残っている。今までの取引の信用度や貢献度に加え、実力ある紹介者の存在、トップ層の訪問、営業の誠実性、などが要求されるケースがあることからも理解できる。このように、人間同士のコミュニケーションが残る限り、そこには標準マニュアルやデータベース情報では解決できない世界が残ることになる。なぜなら、それらは、標準化でき客観化された情報しか生き残れないからだ。つまり、お互いの会話の中から突如として生まれる意味情報までも定式化できない。ここに人間の感性が必要とされる理由がある。日常の営業では問題とならないかもしれないが、こと、詰めの商談時においては大ごとである。営業の「ラスト・ワン・マイル問題」（最後の詰めを解決しないと全体の解決につながらない）と言えるかもしれない。また、問題解決型営業に移行する際にも、日常業務において人間の感性が必要となることをすでに指摘した。第1章「勘と経験を活かす営業」を参照されたいが、そこでは標準化されるプロセスで失われがちな3Kの必要性を指摘している。

このように、営業の標準化を推進するには、それに伴って副作用とも言える問題が発生する。また、瀬戸アサヒビール会長が指摘する「人間は感情の動物なんだから、マニュアルで働かされているというのではダメだ」（『日経ビジネス』2001.5-5）という、営業パーソンのモチベーションの視点にも十分配慮しておく必要がある。

プロセス営業の課題

営業を科学的にマネジメントする上で、可視化の重要性とともに、営業活動のプロセス分解のやり方を説明してきた。この方法を応用すれば、例えば、プロセス分解を評価指標としてだけ活用するのではなく、それぞれの段階に適任な人材を配置して、一つの営業案件を数人の営業パーソンで分担して営業活動を行うといった分業体制を敷くことも可能となる。そうすると、同じ人は同じ段階を繰り返すことになるので、専門化の利益が享受でき、生産性は高まることになる。

しかし、この方法を過度に進めると、標準化と同じように、いくつかの問題が生じることになる。その一つは、営業全体を見渡せる能力を持った人材が育たないことである。分業の観点から効率的なことでも、統合した知識を体得するという観点からは効果的ではないことがある。このことの短所の一つは、マネージャーが育ち難い点である。部分の最適化が全体の最適化に必ずしもつながらないように、全体を見て部分を判断し部分を見て全体を判断する能力がマネージャーには要求されるからである。しかし、この統合した知識はマネージャーだけでなく、営業に関わるすべての人々に求め始められている。

最大手のコンビニエンス・ストアでは、アルバイトにも商品発注を担当させている。目まぐるしく変わるコンビニの棚をアルバイトに任せていることも驚きだが、店舗全体を理解させるために各部門をローテーションさせていると言う。これも、統合した知識を育成するための一つの工夫であろう。

一部の先進的企業では、営業に関わる知識だけでなく、経営全体のマネジメントに関わる統合した知識を体得させるために、様々な取組みが行われている。その効果的な方法の一つとして起業家教育がある。第8章「営業担当者を起業家にする方法」を参照されたい。

資源の蓄積問題

営業資源の再配分の方法については本章でも既述したが、長期的な視点から営業資源の蓄積問題について言及する文献は少ない。それは、営業の生産性向上が喫緊の課題となっていることから、その問題が表面化していないのかもしれない。また、営業組織は短期的視点でその場その場で臨機応変に対応することが大切だという理由から、研究開発組織のように長期的視点で計画的に資源を蓄積していく必要があるというインセンティブが働かないのかもしれない。つまり、研究開発組織はストックの概念で、営業組織はフローの概念で捉えられているのかもしれない。

しかし、戦略的に営業を展開しようとするならば、長期的な視点で、蓄積すべき経営資源を計画しておく必要がある。どのような人材をいつまでに育成・確保するのか、そのためにはどのような教育を行うのか。また、いつまでにどのような知識やノウハウを蓄積するのか、そのためには、どのような情報システムが必要なのか、どの顧客からどのような情報を戦略的に収集するのか、といったようなことである。

蓄積すべき経営資源を計画するには、資源調達の容易性、資源の重要度、資源の緊急度、の視点から検討してみることも一法である。

しかし、情報やノウハウの収集・蓄積・配分に関しては充分な考慮が必要である。それは、すべての情報が客観化や定量化できないからだ。例えば、現場にいて初めて全体像が理解できる情報や、データベース化した瞬間に意味が半減してしまう情報が存在するからである。この点は、第4章「インポート・ブランド企業の営業」で紹介されている外資系企業への変革過程での試行錯誤の状況からも理解できることである。

他方、グローバル経営の観点から導入された画一的で標準的な営業システムが必ずしもうまく機能していない点は、営業マネジメントを再構築する上で示唆に富む事例である。

それは、営業と顧客の間に生まれる関係をいかに営業資源として蓄積し、どのようにしてマネジメントしていくのか、という外資系企業の問いかけでもある。それが、国内市場特有の問題なのかどうかは別にしても、日本企業はその問題を明示的にマネジメント課題だと認識せずに、意識的にせよ無意識的にせよ、適応していたことである。

このことは、日本企業の営業マネジメントに、少なくとも二つの課題を提起していることになる。第一は、将来を予測し事態に備えて対応できるような営業マネジメントの仕組みを確立することである。第二に、日本企業の営業の強みを再評価することである。無意識ではなく意図的に対応できなければならない。第二に、日本企業の営業の強みを再評価することである。本書の事例でも見たように、営業と顧客の間に生まれる関係性には、外資系企業とは異なった特徴がある。その関係から生まれる資源も人間関係の中で蓄積されているようである。

したがって、今までの営業をすべて否定するのではなく、指向するマネジメントの枠組みの中で、自社の営業の強みや資源を再評価してみることが大切である。そして、競争優位につながる営業資源を選択し創造していかなければならない。

注

（1）田村正紀『機動営業力』日本経済新聞社、一九九九年。

（2）個人間の業績の分散を減少させるには、集団凝集性を高めることが大切であるが、それだけでは、集団の業績を向上させることはできない。業績を上げることが個人にとっても組織にとっても重要であるといった規範が集団内に存在しなければならない。もしそれがなければ、下方への斉一性の圧力がかかり、以前よりも業績が悪くなる危険性もある。また、自律性の高い人ほど集団の規範に同調する必要がないので、非同調行動が目立つという指摘もある。集団と個人の関係や集団の持つ力学については、社会心理学に多くの研究成果が蓄積されており、関心のある方は参照されたい。

（3）社会心理学の知見によると、集団における問題解決や意思決定は、必ずしも最良メンバー個人の能力を超えたものにならないことが明らかにされている。例えば、「グループによる問題解決では、「三人寄れば文殊の知恵」という言葉で期待されるような創発性はなかなか生じません」（亀田達也・村田光二著『複雑さに挑む社会心理学』有斐閣アルマ、二〇〇〇年、一二八ページ）といった指摘の他、個人に比べ集団で合理的な意思決定をするには困難さが増すとの指摘もある。その例として、極端な方向に議論が振れてしまうリスキーシフトやおろかな決定をしてしまう集団浅慮（groupthink）などがよく取り上げられている。このような知見を踏まえ、このような罠に陥らないようなチームづくりと運営を工夫する必要がある。

（4）　山口裕『営業は業績評価で決まる』産能大学出版部、一九八八年。

参考文献

E・H・シャイン「キャリア・ダイナミクス」白桃書房、一九九一年
石井淳蔵・嶋口充輝編『営業の本質』有斐閣、一九九五年
岡野嘉宏「新しい自己への出発」社会産業教育研究所、一九七二年
岡田正大「ポーターVSバーニー論争の構図」『DIAMOND・ハーバード・ビジネス・レビュー』二〇〇一年五月号
小川進『イノベーションの発生論理』千倉書房、二〇〇〇年
恩蔵直人監修・㈱富士ゼロックス総合教育研究所著『戦略的ソリューション営業』ダイヤモンド社、二〇〇〇年
加護野忠男『組織のパラダイム変革』講談社現代新書、一九八九年
カレル・ヴァン・ウォルフレン『日本／権力構造の謎』早川書房、一九八九年
財団法人製品輸入促進協会『外資系流通業の日本市場参入の実態調査』二〇〇〇年
J・B・バーニー「リソース・ベースト・レビュー」『DIAMOND・ハーバード・ビジネス・レビュー』二〇〇一年五月
ジェフリー・S・ヤング『シスコの真実――シリコンバレー「超」優良企業の光と影』日経BP社、二〇〇一年
シスコシステムズ監修『ネット・レディ――インターネット経済における成功戦略』ソフトバンクパブリッシング、二〇〇〇年
嶋口充輝・竹内弘高・片平秀貴・石井淳蔵編『マーケティング革新の時代営業・流通革新』有斐閣、一九九八年
嶋口充輝『柔らかいマーケティングの論理――日本型成長方式からの出発』ダイヤモンド社、一九九七年

「商品先物・商品ファンド二〇〇〇」『週刊東洋経済臨時増刊』東洋経済新報社、二〇〇〇年九月
角川淳『営業革新システムの実際』日本経済新聞社、一九九八年
高嶋克義編著『日本型マーケティング』千倉書房、二〇〇〇年
田村正紀『現代の市場戦略』日本経済新聞社、一九八九年
田村正紀『マーケティングの知識』日本経済新聞社、一九九八年
田村正紀『機動営業力』日本経済新聞社、一九九九年
チャールズ・C・マンツ「なりたい私になる技術」生産性出版、一九九九年
「超入門2001版商品先物取引」『週刊ダイヤモンド別冊』ダイヤモンド社、二〇〇一年五月
本荘修二・校条浩『成長を創造する経営――シスコシステムズ・爆発的成長力の秘密』ダイヤモンド社、一九九九年
松本孝利「21世紀に勝ち残るITスピード経営――IT革命、何を、どう変えれば強い会社になれるのか」『経済界』二〇〇一年七月号
矢野雅夫監修『海外ブランド企業の現状と明日の戦略―代理店システム崩壊の危機』ヤノインテリジェンス、二〇〇一年
吉原英樹『外資系企業』同文舘出版、一九九五年

＊　各章末には参考文献を付記していないが、議論の過程でたくさんの文献を参考にさせていただいた。議論の糸口を与えていただいた先行研究に対してお礼を申し上げたい。しかし、本書のコンセプトは、既存の文献にとらわれずに、ありのままの営業現場を自らの五感を通して記述してみようということであった。したがって、研究論文を作成する時のように、理論を検証したり、事例から理論に対して批判を加えるといったような参考文献の使い方はあえてしていない。そのため、各章末にたくさんの参考文献を記載することは控え、最後に一括して、必要最小限の範囲で参考文献を記載させていただくことにした。さらに深く勉強されたい方は、右の参考文献を一読されることをお勧めする。

あとがき

営業マネジメントの革新が競争に勝ち残るための条件となっている。そのことは、営業職の人材派遣需要が昨年に比べ倍増するなど（『日経新聞』2001. 5-9）、労働市場の変化にも現れている。また、新規開拓を伴わないセールスの料金が二三〇〇円前後（一時間当たり）なのに対し、企画立案ができＩＴ知識保有者になると五〇〇〇円を超すケースもあるなど、知識・技能の格差が賃金にダイレクトに反映される時代に突入してきた。

このことは、グローバル化する競争環境下で、「選択と集中」をキーワードに事業の再構築やアウトソーシングを企業が進めていることと無縁ではない。企業は、より強い分野に経営資源を集中し、競争優位の基盤を構築しようとしている。経営資源で最も重要なものは人材であるが、能力主義や早期選抜制の導入などにより、プロとして活躍できる人材の選択と育成が行われ始めている。

この状況下で、営業職の人材派遣需要が拡大しているという事実は、営業の果たす役割が再認識されてきたこと、そしてプロとして活躍できる営業パーソン（マネージャーとしても）が求められ始めたことを示唆するものである。

日本においても、営業が一つの専門的職種として確立され、社会的認知が高まることを予期させるものである。事実、大学においても営業に関する講座を開講する動きがある。

私たちの営業マネジメント研究会では、このような転換期を迎えている営業に焦点を当て、営業マネジメントのあり方、そして営業パーソンのキャリア育成方法などについてお互いの経験を踏まえながら議論を重ねてきた。長時間にわたる議論、たくさんの文献のリサーチ、インタビュー調査などを繰り返しながら、検討を重ねてきた。この間、多忙な現役の営業パーソンが多いことから、海外出張帰りに空港から研究会に駆けつける者や、休日に東京から大阪まで足を運ぶ者もいた。この研究会の雰囲気は、まるで営業現場そのものだと評する者もいた。このように、企業人の研究会は、大学の研究者が集まった研究会とはまた異なった難しい点がある。特に、時間の確保と調整が難しい。

しかし、今回の執筆者たちは、研究会だけでなく執筆するという時間までも短期間の中で捻出し、徹夜をしながらも原稿を完成させてくれた。それも、「営業の仕事は、誇り高き仕事である」という強い思いと自負心があったからこそだろう。

その努力の甲斐もあり、営業現場を外側から評論家の目で覗くのではなく、苦労や楽しみを共感した組織内部の人間として事例を紹介することができたのではないかと自負している。またそのような事例が明らかにされたからこそ、机上で設計された改革シナリオではなく、日々現場で汗を流す営業パーソンの行動や知恵を踏まえた、改革のためのマネジメントを示唆することが可能になったのではないかと考えている。

本書が、企業における営業マネジメントの改革に、そして営業パーソンがキャリア・デザインを描いていく上で、いささかなりともお役に立てれば幸いである。

最後になったが、私たちの企画に賛同していただき、無理難題をお願いしたにもかかわらず快く出版を引き受けていただいた萌書房の白石徳浩氏に感謝を申し上げたい。白石氏には、この出版事情の厳しい折、たくさんの営業パーソンに読んでほしいことから価格を徹底的に抑えていただいた。起業家でもある白石氏のこの決断は、私達が出版に踏み切った決断にも相通じるものがあり、私達に勇気と可能性を与えてくれたことを記しておきたい。

二〇〇一年九月一六日

営業マネジメント研究会を代表して

太田一樹

■執筆者紹介（執筆順）

太田 一樹 （奥付参照）〔序章・終章〕

廣田 章光（ひろた　あきみつ）〔第1章〕
大阪国際大学経営情報学部助教授

西大寺隆法（さいだいじ　たかのり）〔第2章〕
戦略営業システム研究所代表

大寄 昭生（おおより　あきお）〔第3章〕
㈱日本エル・シー・エー コンサルタント
元プルデンシャル生命保険㈱ライフプランナー

杉林 弘仁（すぎばやし　ひろひと）〔第4章〕
㈲経営システムブレイン専務取締役

吉川 浩二（よしかわ　こうじ）〔第5章〕
シスコシステムズ㈱ シニア・アカウントマネージャー

浜口 優（はまぐち　まさる）〔第6章〕
浜口事務所代表

太田 一樹・銀行営業研究部会 〔第7章〕

杉田 英樹（すぎた　ひでき）〔第8章〕
㈱コア・コンセプト研究所代表取締役社長

■監修者紹介

太田 一樹（おおた　かずき）

1958年9月生まれ。神戸大学大学院経営学研究科博士前期課程修了。大阪府立産業開発研究所，奈良大学社会学部助教授を経て阪南大学経営情報学部助教授。2000年4月より阪南大学大学院企業情報研究科助教授。マーケティング論やマーケティング・リサーチを専門分野とする。これまで，数多くの経営診断やリサーチを経験し，現在もビジネス現場を精力的に訪問しながら研究活動を展開している。また，行政や公的団体などの講師や委員も務める。著書には，『コンピュータの基礎と実践』（編著：晃洋書房，1997），『マーケティングの基礎と実践』（共著：晃洋書房，1988），『1からのマーケティング』（共著：碩学舎，2001）などがある。

MBA・営業マネジメント——改革の実態とその方法——

2001年10月30日　初版第1刷発行

監修者　太田一樹

編　者　営業マネジメント研究会

発行者　白石徳浩

発行所　萌《きざす》書房

〒630-8303　奈良市南紀寺町2-161-9-205

TEL & FAX（0742）23-8865

振替　00940-7-53629

印刷・製本　共同印刷工業・藤沢製本

ISBN4-9900708-8-7